오래된 질문

문학과사람 시인선 010

오래된 질문
문학과사람 시인선 010

초판 1쇄 발행 | 2022년 8월 20일

지 은 이 | 김형정
펴 낸 이 | 김광기
펴 낸 곳 | 문학과 사람
등록번호 | 제2016-9호
등록일자 | 2016년 7월 22일
주　　소 | 경기도 시흥시 하상로 36 금호타운 301-203
　　　　　서울시 마포구 성미산로 1길 30, 2층
전　　화 | 031) 253-2575
전자우편 | poetbooks@naver.com
홈페이지 | http://cafe.daum.net/yadan21

ISBN 979-11-90574-55-6　03810

값 10,000원

* 이 책은 전부 또는 일부 내용을 재사용하려면 저자와 '문학과 사람'의 동의를 받아야 합니다.
* 이 도서의 국립중앙도서관 출판도서목록은 서지정보유통지원시스템 홈페이지(http://seoji.nl.go.kr)와 국가자료공동목록시스템(http://www.nl.go.kr/kolisnet)에서 이용하실 수 있습니다.
* '문학과 사람'은 1998년 등록되어 출판 진행된 'AJ' 등과 연계됩니다.
* 이 시집은 교보문고와 연계하여 전자책으로도 출간됩니다.

오래된 질문

김형정 시집

* 본문에서 페이지가 바뀌며 연 구분 공간이 있을 때에는 〈 표기를 합니다.

■ 시인의 말

대답은 없었다.

질문들은 오랫동안 선과 악 사이에서 뒤척거린다.

멈추지 않을 것 같다.

안개 같은 여정(旅程)은…

2022년 7월, 김형정

■ 차례

1부

본다는 것 − 17
육아휴직 − 18
아버지의 바나나 − 20
조준 − 21
밤송이를 깐다는 것 − 22
못 자국 − 24
동교동 삼거리 − 26
고가 밑에 둥지를 틀다 − 28
퇴근길 너머를 산책하며 − 30
이른 아침에 묻다 − 32
응달에 깃들고 싶다 − 33
마포도서관 − 34
연날리기 − 35
스카이댄서 − 36
입이 열 개라도 − 38
새萬金 − 39
일요일의 Melancholy − 40
점포정리 − 42
일렬의 아침 속에서 − 44
여름아침 − 46
가을아침 − 48
벽산빌딩과 대우빌딩 사이엔 까만 오아시스가 있다 − 50
요요의 꿈 − 52

2부

어느 겨울밤에 — 55
가을, 서귀포 치유의 숲 — 56
엑스트라 — 58
내소사에서 — 59
동물원 — 60
눈. 만. 보. 자. — 62
누에 살던 동네에선 — 64
나라는 주어 — 66
한로(寒露) — 67
중심에 대한 단상(斷想) — 68
오래된 질문 — 70
숨바꼭질 — 72
횡단보도를 건너는 노랑나비 — 74
강변역 — 76
외야수 — 78
처음처럼 — 80
화성의 바람소리 — 82
유통기한 — 84
맹희네 점방 — 85
법환포구 — 88
소낙비 그치고 머물지 않는 — 90
경춘선 — 92
라이프 플래너 K씨 — 94

3부

참꽃 — 99
성수동 달팽이 — 100
신통한 딸꾹질 멈춤법 — 102
흔들림의 속내 — 104
대림 세탁소 — 106
오금동 블랙바 — 107
어플루엔자(Affluenza) — 108
항주, 서호에서 — 110
서로의 길 쓰다듬어 — 112
슈퍼맨에게 보내는 편지 — 114
모든 말[言]들은 서로에게 난 길이어서 — 118
죽음의 때 — 120
태초의 변명 — 122
시집코너 앞에서 — 124
카페 블루진 — 125
1990년대의 어떤 사랑법 — 126
꽃구름 그늘 속에 원본을 간직하고 — 128
어느 母子의 올드풍 사랑 노래 — 130
여정(旅程), 그 아름다운 고난 — 132
고슴도치 딜레마 — 136
송원리 — 138
사족(蛇足) — 139

■ **해설** | 박현솔(시인, 문학박사) — 141

1부

본다는 것

더 들여다보는 일

밖이 아닌 안에서 눈길 주는 일

보여지는 너머를 엿보는 일

청동거울 같은 세상 뒤집어 보아내는 일

구름 속 물방울을 맺어 보는 일

시선 사이로 누군가를 정성껏 읽어 보는 일

보이는 것만큼만 사랑하지 않는 일

반사된 마음들을 함부로 굴절시키지 않는 일

가슴속으로 눈을 빚는 일

그 눈으로 나의 먼지도 밝혀 보는 일

육아휴직

쉰 넘어 쉼에 숨을 불어 넣어야 버틸 것 같을 때
살아졌던 시절에 그러나 살아가야 할 날이
무거워진 핸들처럼 뻑뻑해질 때
세상과 씨름하다 물크러진 흔적 바라보며
회사에 쉼을 들이 밀었네
기왕이면 최대한 긴 숨을 택하면서
눈치 주는 동료들도 그악스레 외면했었네
대학 졸업하고 서둘러 취직하고 불혹 넘어 결혼하고 늦은 아빠가 되고
쉰 지난 나를 돌보는 것이 썩어질 것에서 자유하기 위한 것 아니라
세상과 셈하며 버려졌던 것들
철지난 달력의 낙서 같은 고백들을
조금은 샤이하게 쓰다듬어 주는 시간 만들어 보겠네
초가을 억새풀들 운해처럼 흔들리는 오름에서
더부살이로 불린 삶도 같이 풀어 보겠네
오래토록 주인 없이 비워둔 마음에 편지 하나 써보지 못했다는 것은

인정받는 노예로 권유되며 살아왔다는 시효 지난 후회
365일 동안 밥벌이를 쉬는 남편으로 아빠로 죄책감 가질 때 있겠지
돈 잘 버는 여자 밥 잘하는 남자* 같은 부부 되지 못하지만
여전히 부록같이 얇은 삶이 권태 할 수도 있겠지만
자발적인 가난 한 번 적적히 견뎌 보겠네
보이지 않던 결박 풀고 맘에게 여염하게 편지도 써 보겠네
쉼이 그르렁거리는 짐 되지 않게
의도하지 않았으나 쉼을 만들어준 딸아이의 마음에도
정성스레 소롯길 하나 만들며 지내 보겠네

.

*돈 잘 버는 여자 밥 잘하는 남자 : 앨리 러셀 혹실드 (Arlie Russell Hochschild)가 저술한 책의 번역본 제목

아버지의 바나나

열매 다 떨어지고

거뭇해져 버린 꼭지가 데려온

골목길을 거꾸로 읽어갔다

신라의 달밤 노래 끝자락에

아버지의 취기가 남아있었다

막걸리가 자전거 바퀴 틈으로 울컥댈 때마다

한 송이 두 송이 커다란 눈이 떨어졌다

고뿔 앓던 내 이마에 내리던 차갑던 손마냥

속살 드러나 꽃샘추위에 떨던 휘어진 노란 별들

보물 찾듯 주웠다

바위 같은 아버지 마음을 주웠다

조준

소변기 아래쪽 중앙에 파리 날다

부드러운 정조준을 원하는 듯

움직이는 듯 아닌 듯

정교한 착시의 유혹

흘리지 말아야 할 것은 눈물만이 아니라고

설득하지도 않는데

저격수의 겨냥은 차분하고 때론 관능적이다

조준하는 모든 것은 욕망이다

조준 당하는 어떤 것들도

그 반대가 되지 못한다

조준을 벗어난 것들은

적어도 인간적이라 해두자

밤송이를 깐다는 것

밤송이를 깐다는 건

소슬바람 스친 율방(栗房) 조용히 두드리는 것

뜨겁던 한 철 엮어 밤꽃 피워 낸
밤나무 가지도 다독여 보는 것

성긴 밤톨가시 껍질 발라
가죽처럼 순하게 눕혀주는 것

수줍게 벌어져 숨기지 못한 햇꿈들
밀원(蜜源)의 속내에 입술 대어보는 것

밤송이를 깐다는 건

궁궐 같던 어머니 자궁 속으로 회귀하는 것

조심히 도려낸 벌레 먹은 속살이

단 마음 죄 내어준 쓸린 자국으로 다가오는 것

아람이 떼구루루 부화하는 우주 한 켠에서
떫은 세월 허투루 뱉어 낸 기억도 깎아 보는 것

밤꽃 향 잊지 못해
거나하게 취한 지상의 한 철

못 자국

    온양 장례식장 2층 빈소로 향하는 걸음걸음이 울컥댔다
    죽음의 애도에 앞서 惡喪을 마주하고 있을 그를 대면하는 것은
    煉獄의 불보다 더 뜨거운 재 같은 내 슬픔을 들키지 않는 것이었다
    세상이 결코 보듬지 못할 그의 허망이 차갑게 굳어버린 눈물 틈으로
    숨소리 멎어가며 눈발처럼 달라붙고 있었다
    문득 살아 숨쉰다는 것이 죽음의 망각을 붙잡는 풀무질처럼 버겁다

    들이키는 소주 한잔에 동물사육사가 꿈이었던
    둘째 아들을 지긋한 미소로 대견해하던,
    어느 가을 저녁 횟집에서의 그를 떠올린다
    긴 머리 휘날리며 泰山을 라이딩 하던 그의 바이크는 녹이 쌓이고
    자유함에 뜸들이지 않았던 꽃바람 같던 그의 세상살이는
    너덜더덜한 책장처럼 푸석한 과거가 되어갔다

    녀석을 잊는다고 몸부림치던 그 해 겨울,

차라리 맘껏 그리워하기로 작정했다고
술 냄새 가득 저린 새벽녘 그의 고백 한 통
하루하루 염치없이 살아가는 아비인 게 싫어
몸 한구석에 영원한 봉분 하나 쌓아 올린다며
살갗에 새길 비문 한 구절 빚어 달라던 그
밤마다 가슴 한 가운데 떨어지는 별똥별을
한 땀 한 땀 화석처럼 어깨에 새겨 넣는다
진실로 사랑하지 못한 빚진 자의 울먹임처럼 그의 영혼이 파리해지고 있다

나는 웅덩이처럼 패인 그의 마음 속으로 단지 침묵 몇 개 포개어 놓는다

가인(Cain)*과도 같은 무거운 삶의 궤적들이
갈보리 언덕 십자가에 텅텅 못 자국 내며 박히고 있다

*가인(Cain) : 아담의 첫째 아들이며 농부(창4:1). 동생 아벨을 죽인 인류 최초의 살인자이다(창4:8).

동교동 삼거리

퇴근길 홍제동 방면 좌회전 신호 긋는다
꼬리물기에 낙오된 승용차 한 대
교차로 중심에 민폐가 되었다

직진도 후진도 막혀버린 한 가운데에
솟아난 헬게이트*
手淫하다 들킨 욕정의 고깃덩어리 같다

낙오된 진입은 煉獄같은 신호등 앞에서
무력해지거나
통과하지 못한 삶의 조바심은
원치 않는 우회만큼
분노를 소출하거나

앰뷸런스 한 대 끝내 포로가 되었다

그대여 물릴 꼬리 쉬이 잘라내고
냉정한 신호등 마음에 일찍이 품어

때론 삼거리 지평선에 걸쭉한

무지개 한 줄 걸어 놓을 것

　*헬게이트 : 지옥(hell)과 문(gate)의 합성어로 힘든 상황을 이를 때 쓰이고 있는데, 원래는 기상에서는 태풍으로 인해 일정지역이 피해를 보는 것을 일컬었던 표현이다.

고가 밑에 둥지를 틀다

장마 시작된 신설동 로터리
고가북단 끝자락 아래
남루한 겨울외투 여태 걸친 채
거무튀튀한 정강이에 고름 자국 돋은
흘러내린 머리칼 사이로
정글 같던 눈을 가진 사내

호우주의보가 예보된 늦은 밤
녹물 흐르는 리어카 옆에서
하루 품삯 엮어
사내는 둥지를 틀고 있다
바닥보다 낮게 몸뚱어리를 눕히고
바람에 나는 스티로폼 박스가 벽을 세웠다
일용할 양식을 구하지 못한 굶주림이
도심 십자가에 오병이어의
기적처럼 걸려 있다

떠나 온 둥지를 떠올리는 듯 사내는

태아처럼 잔뜩 웅크리고 잠을 청한다
장마 끝나고 뜨거운 여름 찾아올 때쯤이면
하늘 향해 날갯짓 할 수 있을까
고가 밑에 튼 둥지 헐어버리고 다시
옛날 둥지에 날아가 알을 품어볼 수 있을까

사내의 둥지가
표류하는
무인도 같은 밤이다

퇴근길 너머를 산책하며

많구나 참 많구나
귀가하는 계단의 발걸음들
목 쉰 진군가처럼 늘어진
하루 많구나
거슬러 오르지 못해
초밥 위에 눌린 연어 같은

번개 여행 꿈꿨던 오만한 아침이
저녁으로 선득하게 변하면
얼큰해진 허풍들 안주가 되고
화로에 올려놓은 오늘은
욕설 가득한 타서전을 굽고 있다

많구나 참 많구나
고삐에 팽팽히 묶였다 풀어지는 가면들
줄 당겨질 때마다 핸드폰이 울어댔다
제 닮은 미끼 입질하는 물고기들은
넷플릭스 생존드라마에 나오는

연체동물처럼 절박한 게임을 닮았다

퇴근길 너머 출근길이 열려 있다

발걸음 가벼이 하고
오만한 아침을 향해
가면 벗어 던져버리고
다시 찾아들 선득한 오늘 저녁엔
오징어 몸통이나 질겅이며
고삐 풀어제껴 볼일
칭찬 가득한 자서전으로
하루 빚을 만 하겠다

이른 아침에 묻다

출근길 홍대입구역 4번 출구에서
짙은 화장의 우즈벡 여자가
7번 출구를 물어왔다
어렴풋한 기억을 끌어내
무의식적으로 가리킨 손가락 너머로
여자가 길을 재촉한다
한참 길을 걷다 여자가 향한 정반대에서
그녀가 묻던 7번 출구를 발견했다
아주 멀어져 버린 낯선 곳에서
누군가에게 7번 출구를 다시 묻고 있을
그녀의 아침이 하이힐 굽을 신은 채
또각또각 내게로 걸어오는 것 같았다
가보지 않은 길은 자유가 되기도 하지만
길 잃은 여정일 수도 있다고
도시의 광야에서는 함부로 길을 묻거나
가르쳐 주지 말라고 따지기라도 할 듯

응달에 깃들고 싶다

그림자의 크기만큼 제 옷을 입고
양달이 멈춘 길을
깊은 골목으로 이어내는
한낮이 호기롭게 거들먹거려도 그저
뭉근하게 체온을 낮추는 너
양지바른 마당의 시린 옆구리가 되며
버드나무 끝자락 아래로
가늘고 긴 처마를 빚는
바람을 만나 그늘 되는 너
땡볕에 맞서는 대신 깊은 차양 내어
낮은 산바람에 솔솔 눈물 닦아주는
지긋이 어둑한 무늬 같기도 한 너
소슬한 고요함에 젖은 신발 널고
마음도 보드라이 스며들어 걸고
부드러운 의자도 몇 개 내놓고서
느릿느릿 내 몸 게워내 말리고 싶다
깃들어 어두운 숲 되고 싶다

마포도서관

맨 안쪽 벽을 마주하고 앉자

가을이 서 있었다

문학 동네 사는 시인들

걸어왔던 그 마음들

책상에 펼치자 막힌 벽 무너지고

가을이 걸어가고 있었다

여름을 지나온 마른 생각들이

투명한 먼지로 산란하는 가을볕 안

열람석 백발노인의 모자 위로

황혼이 나직이 졸고 있다

연날리기

가오리 한 마리 하늘을 난다

얼레의 태반에 감긴 하나의 生

팽팽히 당겨지며 순하게 풀리는

바람 속에 서로를 읽어야만 하는

작정한 사랑만큼

저리 긴 탯줄

스카이댄서

구로동 공구상가 골목 안에서 너를 만났다
비닐로 된 몸뚱이에 홍보 문신을 새기고
곤고한 땀 한 방울 없이 손목 꺾이며 춤추는
요란한 몸부림의 허수아비 같은
리듬 속 너를 보았다

바람의 생명수 내장 속에 불어 넣으며
날 서린 음악에 허리도 꺾여가며
간절한 삐끼가 되어버린 너는
숨이 가득 찬 전봇대 같다

바람을 가둔 10척의 키도
시선을 호객하는 너의 비닐 근육도
너의 의지는 아니겠지 측은해하다가
세상이 풀무질한 바람 속에는
흔들릴 사랑조차 들지 못함을
서글퍼하다가
거죽으로 무너져 잠든

너를 보았다

이슬이 내려앉은 새벽
비닐 주름 사이 구멍을 보았다
풀무질 멈추면
행여 골다공증 환자가 될
너를 염려했다

입이 열 개라도

하나의 눈이 사람을 볼 때
다른 하나의 눈은
신을 보고픈 것이
눈이 아닌 눈들인 이유

하나의 귀의 외침이
또 하나의 귀에
고요인 것이
귀가 아닌 귀들인 까닭

하나의 입이 말을 뱉을 때
무를 수 없는
죄가 된다는 것이
입이 입들이 아닌 운명

입이 열 개라도 할 말이 없는
지극히 송구한 사연

새萬金

하구는 실어증에 걸리고 말았어요
밀물과 썰물의 왕래는 금지되었고
바다의 속살에 안겨
더는 해루질을 할 수가 없어요

가슴 한가운데 강하고 기다랗게
못이 박혔는데
사람들은 이 흉터의 퇴적을
길이라 부른다네요
기네스북에 오르기도 했다며

물때표도 유물이 되고 말았죠
아마도 지구와 달의 탯줄이
잘린 것인지도 몰라요

잃어버린 제 핏줄 찾는
하구 길목에
바람만 잔뜩 넘실넘실 대더군요

일요일의 Melancholy

행성의 변두리에서도 악은 중심을 차지한다
선악이 시간의 축을 자전할 때마다 요일이 배열되었다
천지창조가 완성된 다음 날이거나
중심을 재구성하는 속죄의 안식일이거나
요일 중의 그날이 올 때면 마음은 어그러졌고 무질서해졌다

난민이 된 소말리아 여인의 젖꼭지에서 눈물이 흐르고
모가디슈의 평화유지군은 악의 전사들로 죽어갔다
무슬림 어부가 바다의 해적으로 창궐할 때
죄는 한없이 부정당했고
찬송가는 유행가처럼 귀를 속였다

분노와 사랑이 만날 때 우울증은 극에 달했다
분노는 그저 속 빈 삶이었고
사랑은 그것을 은밀히 기뻐하는
가면이었다는 생각

설교를 준비하는 군종목사는 유난히 고독해하였고

삶은 죽음이 깃든 죄 덩어리라며 기도하던 두 손을 보았다
안식을 위한 날이었고 미군기지의 구석진 어느 클럽에서는
핫팬츠의 스트립 걸에 하루가 울렁댔고
　전쟁이 다시 발발했다는 뉴스를 들었던 그날의 전역일
을 기억한다

　죽음이 깃든 삶은
　습관적으로 해장술 마시는 선술집 과부 같다고 여겼다
　일용할 양식을 구하는 것은 거룩한 노동이 아닌 부정
한 밥벌이
　죽음을 잠시 잊기 위해 매일 취한 삶을 산다는 것에 대해
　함부로 비난할 수 없게 된 그날
　그리고 어떤 망할 길을 택할 것인가라는 질문 앞에
　안락한 파멸이라고 불확실한 답을 건네자
　죄는 더 거만하게 군림하였다

　선이 공전하는 악의 중심에서 그날 밤
　차라리 백치 같은 짐승으로 태어나는 꿈을 꾸었다

점포정리
– 버려진 유적

예감은 그렇듯 불길함으로 적중한다
할인 처분된 과자들이 정리되자
휑한 점포 바닥이 짜디짠 톱밥을 흘린다
철거된 자리에 철자 잃은 간판이
과자 부스러기처럼 가볍고
끝자리 몇 개 망실된 점포등록번호가
자물쇠와 유적이 되어갔다
세찬 바람이 수시로 흔적만 물고 드나들었다
허기진 도시는 늘 유희적이고 때로는 서사적이어서
인적 드문 곳에 판잣집을 임대하고
때로는 에피소드를 임차한다
흔적은 새로이 도배되고 페인트로 덧칠이 되었으나
떠난 자의 서정은 진부한 가난이었을 뿐
밑동마저 부서져 바람 속으로 재가 되던 날
중고나라에 미처 팔지 못했던
세간들 위로 거미줄이 피어났다
무심하게 정리된 점포가 늘어가던 날

하늘에서 유목민이 되었다는 점주의 소식을 듣는다
불길했던 예감들이 유적에 굴복하고 말았다

일렬의 아침 속에서

일렬로 지하철을 기다리고
일렬로 승차권을 태그한다
차들이 일렬로 도로를 질주하고
일용직 잡부들은 일렬로
노동의 배급을 기다리는 아침
새벽부터 명품 오픈런을 기다리는
일렬의 욕망을 스쳐
일렬로 구워진 토스트를 입속으로 구기며
인도에 심어진 일렬의 가로수 밑을 뛰어 간다
일렬의 걸음들이
일렬로 멈춰서고
일렬의 생각들이
일렬을 위해 일을 한다
저무는 아침 뒤로
점심과 저녁과
내일의 새벽이 일렬로 엮여 간다

삶은

미시적 일렬종대이거나
거시적 일렬횡대

임인년 6월 새벽
동쪽 지평선에서 남쪽 하늘까지
6개의 행성이 일렬로 선다는
천문 연구소의 예보를
일렬의 아침 속에서 읽고 있다

여름 아침

버무려지는 것이 어디 한해살이 배추뿐이랴
성수역 뒤에 걸린 빽다방에서
모히또 라테 한 잔 주문한다
가라앉은 우유 속으로 에스프레소 샷
적막히 스며든다
회사에 도착하는 동안
삶의 고집처럼 단단하기만 했던 얼음
낙심한 듯 바직거리며 녹는데
진흙탕 같은 커피 위로 옥잠 닮은
애플민트가 피어났다
손 안에 차갑게 버무려진 여름 한 샷
空腹 속으로 실개울처럼 흐르는 아침

불면증으로 버무려진 매미소리가
호스처럼 늘어지고
회사 앞 크리스탈 솟대는 솟구치기를 포기했다
아집 같던 얼음 *解氷*될 무렵
금속 노조원들의 구호 대신

앰프에서 울려나오는
자전거 탄 풍경의 노래 하나
너와 나 사이에 그림처럼 흐르는 요단강

4차 단체교섭을 준비하는
젊은 노조위원장 얼굴을
내 눈이 스친다
그의 애씀 앞에 문득 죄스러워진 나는
궁핍한 발걸음으로 사죄를 표하는데
뜨거운 아침보다 더 간절하게 그가 말한다
勞使가 어우러지는 게 어디 쉽나요
많이 가진 자들의 그것이 자본이 아니고
우리와 버무려질 마음 한 켠 서로 건네받는 것이지요

외로운 그의 고백이
그늘의 중심으로
깊어지는 여름 아침
버무려지는 것이 어디 초고추장 발린 홍어 한 접시뿐이랴

가을아침

밀려난 자들이
서로를 닮은 계절을 임서(臨書)한다
폴리스 라인 안에서 그들은
밀어낸 자들에 대한 서늘한 피켓을
마음으로 들고 앉아 있다
교차로 은행나무는 대낮보다 환했고
밤샘 작업 마친 인부들은
청진동 해장국집으로 향했다
은행잎보다 환한 조끼를 걸친 사내가 마이크를 쥔다
그곳에 함께한 가족들 위로 바람은 불었으나
은행잎들은 여전히 불을 켠 채 반짝였다

지키려는 자들과 쫓아내는 자들
두 마음이
교차로에 엉켜 있다
인간에게 투쟁이란
선악의 대립이기 전에
두 마음이

가을 아침 우회 길에서
한마음으로 다시 만나는 일
앞창에 은행잎 한 아름 안은 자동차 한 대
폴리스 라인 밖으로 우회하고 있다

벽산빌딩과 대우빌딩 사이엔 까만 오아시스가 있다

살아남기를 택한 자들의 귀가는 아직 멀었다
찜기 위 순대가 굳어가는 새벽까지
달리고 또 달렸지만
오가는 말들은 가슴에서 희석되곤 했다
마시고 또 마셨지만
까끌까끌한 모래 같이
정신은 잘게 부스러지고 태워졌다
정신 줄 놓지 않고 경계석을 세워야 했다
경계석에 꽃을 피워 놓고서야
그것이 모래라는 걸 알아야 했다
빌딩들 사이에서 넥타이를 휘감고 달린 것이
오아시스를 차지하는 것이라 여겨왔으나
의도된 신기루임을 알려야 했다
비로 내려 물이 되어야 한다고 말해야 했었다
아무렇지도 않듯 바보처럼 그을리지만 말고
아프고 저미게 타버린 것들에게
솔직한 안부를 물어야 했다

아련한 신기루가 되지 말자고 가끔 뒤돌아봐야 했다

살아남는 것이
그윽한 지하수 되어 사막에 고인 물 된다면
귀가 잊은 빌딩과 빌딩 사이 모래 가득한 신기루 자리에
목마른 사내들 넥타이 풀고
그을린 마음들 한 가마씩 안고
첨벙첨벙 웅덩이로 피어나는 꿈도 진정 꿀 수 있겠다

요요의 꿈

한 쌍의 바퀴가 번지점프를 한다

중력 속에서 공중부양을 꿈꾸는 것일까

줄에 감긴 몸 밖으로 쉼 없이 버려지는 무게들

숨죽이며 힘을 빼 몸의 회전이 늦어가기를

관성을 누르던 마찰들은 회전으로 이어가면서

다시 돌아가기 위해 끝내 기울어지지 않는 낙하

돌아오는 무기로 원주민에 회자되기도 한 저것은

무중력에서도 돌아오는 부메랑 닮기도 했다

멀어지며 가까워지는 것은 서로 이어져 있다

이어진 것들이 멀어지고 가까워지면서 회전이 되는

장력도 중력도 한 줄로 이어져

돌아가며 원이 되고 원이 되어 돌아오는

둥근 꿈 본 적 있는가

2부

어느 겨울밤에

잊힐만하면 나타나던 트럭에서 과일을 사곤 했다
눈을 마주친 적 없이 항상 덤을 얹어주던 사내
흠집 핀 귤 한 무더기 사들고 오던 어느 저녁
밤 이슥토록 트럭은 떠나지 못하고 있었다
예닐곱쯤 된 사내아이는 운전석에서
낙과를 베물고 있었다
짓물린 딸기도 비닐봉지에 꽃처럼 잠들었다가
지나가는 취객에게 떨이로 쥐어주던 자정 무렵
현금지급기 설치된 은행 야간 창구 안에서
사내는 애를 업고 밤을 피하고 있었다
트럭 천막에 매달린 랜턴 빛이 사그라질 때
팔리지 못한 과일들은 어둠을 베고 잠이 들었다
그의 트럭을 당분간 못 볼 것마냥 눈이 내렸다
잊힐만할 때 트럭을 반갑게 만나게 되는 날
그때는 꼭 그의 눈을 지그시 마주한 채
봉지에 덤을 얹던 손이라도 붙잡아야겠다
운전석 아이의 졸린 눈동자를 보며
눌린 딸기처럼 덤으로 같이 잠들고 싶다

가을, 서귀포 치유의 숲

화산석 구멍으로
걸음소리 울리면
해녀의 휘파람 소리 퍼진다

기다림은 노고록하게
보냄은 무심한 척
캔버스 크게 걸어둔 숲

상한 맘 붓 끝으로 톡톡 찍어
한 획 부드럽게 그어내면
훅하니 심겨지는 햇살 줄기

여름날 분노가 지핀 열
그늘에 얇게 말아 획 던지면
가뭇없는 여우비도 찾아올까

엄부랑* 큰 삼나무가
잠결에 흔들리면

옛 사람 이야기도
후드득 떨어진다

산 노루 쫑긋 세운 귀가
길을 묻는 척하자
한 사내가 붓이 되어
숲속으로 걸어간다

*엄부랑 : '엄청' '매우'를 뜻하는 제주 방언

엑스트라

클로즈업은 습관적인 터부로 기억하세요

킬링 타임은 무심한 척 가볍게 즐기시고

적절한 타이밍에 뒷모습은 머뭇거리지 말며

익명에 익숙해질 때까지 음소거를 해두세요

짧지만 엣지있게 우연을 운명처럼 노출하세요

프레임의 끝자락에선 역광을 피하지 않아요

스포트라이트는 언감생심 기대를 버리시구요

말 걸어주는 배우 있다면 친구처럼 대화하세요

프레임아웃으로 남겨진 빈 스크린을 사랑하세요

보일 듯 말 듯 어긋난 듯 아닌 듯

찬밥 같은 배경들이 임계점에 이르면 그림이 된다지요

초점을 벗어나 흐릿한 뒷모습으로 떠난 자리에

배우도 엑스트라도 관객 되어 함께 사는 한 컷 있다지요

내소사에서

번뇌가 지겨워질 때면 유배되어 몰락하고 싶었다

모든 것들의 근거에 대한 고행은
그러나 허술한 기만일 수 있었다

일제히 북쪽을 향해 핀 주먹만 한 꽃눈들이
적멸을 앞두고 있었다

떠나온 삶을 그저 눈감아야 할 때 있다
내변산 바람꽃에게나 출가한 어미의 마음을 묻는다

파르스름하게 속세가 삭발되던 날
목탁소리가 스스로 길을 두드리며 홀연히 날렸다

전나무 숲길 지나 천왕문 향하는 초행길
劫속 능가산 영봉에 구름 몇 점 유배되어 있다

하늘로 입적한 근거는 행자의 바랑에 갇혀 있다

나의 고행은 몇 날 더 도량에 머물러야 했다

동물원

인간의 유희란 감금된 메조키스트 거울에 비친 새디즘

내밀한 가족사를 우아하게 멸종시킨
문명 속 피난처를 가본 적 있는가
거대한 방주 안에 사막을 만들고
해수를 들이고 초원을 심고
푸르른 거짓 하늘 드리우고
의문사의 실체들은 항상 묘연하게 종결되는 인조공원
우울증쯤 몇 년 동안 우리에 갇혀 재롱으로 진멸되기도
몇 시간의 자유를 위해 방주를 버린 퓨마의 주검이나
비둘기에 놀라 집단 탈출한 코끼리의 도심 활보나
막걸리 먹은 흔적으로 생포된 곰의 은신이나
가출의 전력들을 감금한 유리벽은
호모루덴스들의 안전한 관람을 위한 방어벽이 되었다
잡혀 되돌아온 곳이 풀려 돌아갈 거기가 아님을 알면서도
관람의 표적들은 등가적 생명이 될 수 없다는 듯
냉랭한 눈빛으로 방주는 때때로 휴장을 하고
궁전처럼 리모델링 되어갔다

주문처럼 흐르는 동물의 사육제가
우아한 관람의 배후가 되기도 했으나
유리벽에 주먹을 날리는 오랑우탄이
숲의 사람이란 뜻을 기억하는 자들은 없었다
모든 조련은 수작업으로 만들어지고
우아하게 멸종되어가는 것들은
즐거운 비명소리가 마음껏 번식되는
호모루덴스의 유희에 능해지고 있었다

눈. 만. 보. 자.

무지개를 만난 건 때 이른 장마 때였다
백화점을 배회하다 노안에 이끌린 명동지하상가
아이리스 핀 간판이 촛불처럼 켜진 곳
늙은 안구를 맡긴 채 농 섞인 동정심이나
푹 꺼진 얼굴에 던지고 있을 때
세상에서 가장 작기도 가장 크기도 한
눈거울 만드는 직업이 안경사라며
안경다리를 수줍게 주무르던 사내
안경점 이름이 블록버스터 드라마인가
한물간 마케팅인가 맘속으로 중얼거릴 때
귀로만 무지개를 보던 할아버지 있었다고
눈 고치는 의사는 못되었지만
돋보기를 걸치면 보일 수도 있을 것 같은 어린 맘 있었다고
사내가 안경알에 입김을 불며 고백하는 것이었다
연마된 거울 찾으러 가게 들어선 날
인두로 새긴 글자 네 개 무지개처럼 걸려 있었다
눈. 만. 보. 자.
눈거울 걸친 노안들이 서로를 바라보며 웃고 있었다

배회하던 길이 교정되었고 장마는 저물고 있었다
할아버지의 무지개에 귀를 세우며
안경을 몇 번씩 눈썹 위로 치켜 올려댔다

누에 살던 동네에선

큰물 막혀 섬이 된 그곳은
물렛가락에 화석이 된 명주실이 무성했다
욕망이 지펴졌던 섶 위에는
십수 년 그을린 누에를 먹고 자란
거대한 신세계가 보물로 드러났다

245년 동안 전설로 회자되던
젊은 베르테르의 처음이며 끝 마음 같던 편지는
여기 정착한 롯데들에게 비겁한 무용담이 된다

거대한 놀이터가 보장하는 즐거운 공포가
자이로드롭 꼭대기에 피어나자
비명은 판타지 속에서 수직낙하 하며 불꽃으로 퍼진다

일상의 무력감을 회개하는 성전이 된
555미터 제2타워의 피난안전구역
건물 내장이 비치는 117층 투명유리가
행복해진 고소공포로 허기를 채우고
지하에는 막차를 기다리는 좀비들이 우글거렸다

태권브이 머리 뿔 같은 타워 꼭대기에
잠양관의 부러진 마음이 춥게 나부끼고 있었다

으스름달 아래 잔을 부딪치던 늙은 누에들은
푸른 바다로 변했다던 뽕밭의 흙을 추억한다
문득 오디를 찾아 나선 들판의 햇살이
인공 부화한 아바타라는 사실도 곧 마주할 것이다

이 곳 롯데 바코드 뿌리에 살아남은 씨앗들은
그들의 족속을 붙들어 실을 뽑아 섶 짓기를 꿈꾼다
깊숙이 매립된 대지의 암호가 풀리기를
마천루 속 난민들은 기경을 꿈꾸며 밭이 되기로 했다

장마 멎고 제방의 균열 속으로 바람이 들면
화투패 맞추며 나일론뽕을 치는 마법 섬 땅끝으로
푸른 바다 전설이 데려온 말간 씨앗이 봄을 불러낸다

무성한 아파트가 홍수로 다시 잠기기 전
무늬로 살아있던 누에들은 서로의 등을 기댄 채 처마가 되고
가짜 매트릭스 홍보관 첨탑 지붕에
곧 백기가 걸릴 것이라고
호수 근처 포장마차에선 누에 방 닮은 흔적들이 밤새
사부작거렸다

나라는 주어

나 대신
네가 주어가 되면
광야에도 꽃이 핀다네

나 대신
우리가 주어가 되면
마음에 창문이 든다네

나 대신
그대들이 주어가 되면
서너 폭 풍경이 된다네

나를 던지고
주어를 바꾸면
세상이 경이로워진다네

한로(寒露)

바람 없는 새벽 동안
대지에 새치가 피었다

도리깨질로 가을의 끝을
떨어내고 물안개는
두루미 외다리에
부딪쳐 흐른다

이슬 먹은 거미줄은
찬 이슬의
칸타빌레

추분과 상강 사이
잔칫날 같은 들녘에
홍옥나무 한 그루
붉은 가을
털고 있다

중심에 대한 단상(斷想)

배고픈 시절 하숙집 할머니가 차려 준 밥상 닮은 곳
늘 가장자리로 남았던 어머니의 세월일지 모르고
누추한 하루가 때를 벗는 변두리 골목일 수도 있지

중심은 왜 뜨거워야 하는지 잘 모르겠지만
핫플레이스 홍대에 살고 있는 나는 웬일인지
여전히 변방인으로 길을 걷고
늘 냉소 머금은 얼굴을 감추며
아싸로 주눅 들어 살고 있는지 몰라
어쩌면 나의 중심은 그럴듯한 금문패 하나 걸린
뜨거운 인싸를 사모한 것일지 모를 일

중심은 중력이 철거된 가상의 지도
중심을 제대로 잡지 못해서라고
허공에 부유하는 것들이 서로를 탓할 때

새로 안친 밥으로 상 차리던 할머니의 저문 부엌이
웅덩이 패인 큰길 저편에서

나를 잡아당기는 어머니 꼬부랑길이
중심으로 길게 중력을 뻗어 낸
호젓한 골목의 휘파람이
내가 몰랐던 중심일지 몰라

사방의 경계들 어우러진 가장자리가
진짜 중심이었을지 몰라

오래된 질문

죄의 열매가 곰팡이라면
곰팡이 꽃은 악
악인은 그 꽃의 숭배자

가장들은 우크라이나 방위군이 되어 경계를 섰고
등에 비상연락처 적힌 두 살배기 딸은 서둘러
국경을 넘어야 했다
참호가 된 그들의 가나안에
검은 까마귀 울음을 싣고 트럭이 도착할 때마다
파란 십자가 무덤들이 피어났다

꽃냄새가 화장터를 점령한 요새 같은 저녁
숭배자들의 유죄는
평범한 악재로 새로이 진화하기도
증시하락 원인의 하나쯤으로
인터넷 짤에서 둔갑되기도 하였다

전사한 질문 하나가

유해처럼 소환되었다

신이여,
에덴에 선악나무는 왜 심으셨나요

숨바꼭질

감은 두 눈 실눈 될 때까지
꼭꼭 숨어라 머리카락 보일라
주문이 희미하게 꺼져 가면
"찾는다!"는 짧은 외침 속에
하나 둘 묵도하며 긴장하는구나
숨은 자의 침묵과
찾는 자의 침묵이
서로에게 극도로 집중되어
어디 어디 숨었나
움직이면 들킨다
한 걸음씩 파고드는 포위의 공간에
참지 못한 속웃음 찾아가는
발향된 머리카락도 맡아내는
가장 사람다운 놀이
서로의 존재를 이토록 진지하게
숨죽이며 내어주는구나
놀이의 최종 목적은
숨는 것 아니고

찾아내는 것 아닌
침묵의 순간들이 발견되는 거구나
그 순간을 잔잔히 기뻐하는 거였구나
누군가 나를 포기치 않고
결국 찾아온다는
동굴 속 안도감이었구나

횡단보도를 건너는 노랑나비

백주 허공에
난데없이
쿠데타 일고

밝아진다

하늘거리는 날개
노란 리본 풀자
꽃 그릇으로
구워지는
지상의 오후

팔랑팔랑 분가루
나부끼며
마실 삼아
편지 부치러 가는

노란 우체통들

후드득 쏟아지면

저기가

호접지몽

아니던가

강변역

동서울터미널에 20년 지기 친구를 마중 나간 날
섬처럼 솟은 역을 가로질러
7번 포장마차에 자리를 잡았다
일련번호 순서대로 경계 없이 늘어선 천막들 사이로
술 취한 바람도 들락거리고 있었다
버스 막차 시간을 가늠하며
어제가 엄마 49재였다고
임종 직전에 희미하게 이름을 속삭였던 엄마는
치매를 겪는 동안 자기를 항상 여보라고 불렀다고
덩그러니 젖은 눈동자 깜박이며 그가 말했다
마음 저만치서 그를 지켜보는 짧은 시간 동안
이른 새벽 잠든 아들 친구들 깨기 전
해장국 끓이시며 노래를 흥얼거리던
그의 젊은 시절 엄마가 취기에 확 나를 끌어안았다
굳어버린 안주를 남긴 채 한번 내려오라며
구겨진 만원 두 장을 테이블 위에 올려놓았다
허기를 달랜 한 무리의 군인들이 바람처럼 빠져나갔다
길을 잃어 조금 헤매고픈 날 필요했다고

마음 절며 오른 버스가 강변을 빠져나가고 있었다
그의 눈물이 금모래 빛처럼 반짝이는 것 같았다
북쪽 출구 뜰에 갈잎처럼 가벼운 밤이 지고 있었다

외야수

공중 볼의 궤적을
걸음으로 읽어간다

소리를 보고 발로 잡는다는
수비의 휴리스틱*

타구가 머무는 몇 초의 허공
시선을 재어 글로브를 펼치는

거칠 것 없는 우월한 안타를
목숨처럼 건져내는 다이빙캐치

글로브 속에 포로가 된 공격이
어깨에 실려 송구된다

뒤에는 아무도 존재하지 않아
끝내기 홈런도 지켜봐야 하는
〈

가장 멀리 떨어진 곳에서

가장 멀리 벗어난 것을 위한

가장 마지막 울타리 같은

*휴리스틱(heuristic) : 명확한 실마리가 없을 경우에 사용하는 편의적이고 발견적인 방법

처음처럼

물보다 흰
증류된 소주를 잔에 따른다
고단한 하루가
목을 넘어가더니
사는 일이
오장육부에서 휘발된다
20도 도수에
180도 변한 나를
아연히 바라보던 밤
얼음보다 투명한
희석된 소주를
마지막처럼 넘기면
처음 살던 바다가 쓸려온다
순도 100퍼센트
오직 줄 하나로
나를 잡아주던
나의 처음을 이슬처럼
키웠던 당신의 양수

마음에 표류하던 고백을

안부인 척 던지는

취한 밤이다

화성의 바람소리

인간이 붙여준 神의 이름 중 하나

붉은 올림푸스 산을 빛이 에돌아가고

푸르스름한 석양이 떨림으로 너를 키워왔지

마리너* 계곡의 적적한 새벽을

24시간 27분의 하루와 687일의 일 년을

수십억 년 지나 소리로 자란 너에게

이지러진 삶을 살아온 것 같은 나는

은밀한 소리 한줄기 귀담지 못했다

들려지지 않는 것보다 들을 자 없는 슬픔에

새파란 바람으로 자라난 두 개의 달을 업고
〈

먼지바람 일으키며 떠나는 너의 숨소리를

놓치지 않기 위해 귀담는 동안

여기 행성에서 오늘 밤

나에겐

온 우주가 필요했다

*마리너 계곡 : 화성의 거대 협곡

유통기한

냉장실 깊숙한 곳에서 묵은 온도를 걷어낸다
언제 이곳으로 들어왔는지 기억나지 않는
거무튀튀한 곰치 짱아찌도
양념장들과 끌려나온다
캔에 찍힌 기한을 몇 년 넘긴
대만산 꽁치 통조림이 골동품 같다
토막 난 주검도 판매되어야 할 시한이 있다니
유통기한 지난 우유를 하수구에 흘린다
팩에 문신처럼 날인된 숫자가 있다
저렇게 분명한 생과 사의 날짜가 있을까
정해진 기한을 견뎌낸 것들은 버려지고 있다
죽음이 유통기한의 끝으로 정의되는 것은 그래서
생의 기한을 스스로 기록하지 않는 것이다
언제까지라는 숫자에 사랑을 묶어 놓지 않는 일
이별을 멸균하여 캔 속에 보관하지 않은 일
적어도 우리에게 그 기한은
날것들의 기억이 그 언젠가를 떠올리는
그 순간까지를
냄새 피우며 사는 그 동안이다

맹희네 점방

이름의 정체가 궁금해질수록
더 자주 찾던 보물섬 한 곳 있었지

소금기 밴 얼음 품은 삼강 하드통이
뙤약볕에서 눈사람처럼 서있던 곳
누에 닮은 눈깔사탕들이
입속에서 유년을 빚던 곳

땅거미 내리던 여름날
오동나무 평상에 누워
하릴없이 별 세다 잠든 저녁
오거리 시장 품 팔러 갔던 어머니
희뿌연 백열등 사이로 그림자 보일 때
철없는 눈물 울컥대며
보물 같던 기다림을 알게 해준 섬

색 바랜 문지방 너머
가을 누룩 익어가는

초저녁 곳간 기웃대며
서쪽으로 도망가는 상현달 보이던 날
거나하게 취한 아버지의
노래 한 가락 외상 삼아
양은 주전자에 막걸리도 넘치게 받아왔던 곳

어스름 속을 걸어가는 꽃상여
땡강 땡강 요령(搖鈴) 소리 스칠 때
돌아 올 수 없는 길을 바라보며
상여꾼의 만장(輓章)보다 화려했던
명자나무 꽃그늘에 숨었던 곳 있었지

세상에 맛깔나게 잘 비벼진
상현달 바라보던 눈에 주름 피고
딸의 아버지가 된 어느 날엔가
이름의 정체가 불현듯 궁금해져
다시 찾은 보물섬에서
바람처럼 서성이던 백발을 만나던 날

〈
그곳 떠난 이후로 20여 년 동안
섬을 지키던 이름은
내가 태어나던 해 어느 음력 초사흘
살아서 한 번도 불리지 못한 채
상현달 보러 먼저 떠난
점방 집 딸이었다고
지나가던 바람이 그제야 속삭여 주었지

법환(法還)포구

너의 이름 두 글자에 무심치 않으려 하네

정해진 이치라고 法을 풀이한다면
돌아온 무엇들의 여정을 궁금해하지 않고
돌아올 어떤 것들의 사연을 구별하지 않는
그리하여 너의 나머지 이름 한 글자는
박애주의로 해석하고 싶다네

바당밭에는 해녀를 위한 밥상 차려주고
망다리 언덕 달빛을 고와 범섬도 젖먹이며
뭍과의 경계에 바람의 길목도 세워 주는
묻지도 따지지도 않는다는 어느 광고 카피처럼
인심 좋은 목수인 듯 자분자분 출렁이는 너

석양 한 사발 공복의 시선에 걸어두다가
이내 맑은 먹빛으로 물든 밤바다 앞에 서면
나는 마치 돌아온 탕자같이 편안해져
거친 고집 잘라내고 네 앞에 가벼워지고 싶네

〈

물질 끝난 할망 해녀가 먹 건진 뿔소라 먹다가
파도에 흔들렸을 숨비소리가 다시 들리는 듯 했다
돌아온 태풍과 돌아올 태풍을
가장 먼저 마주하는 너를 듣다가
바다의 경계에 품고 있던 검게 굳어버린 돌들을
조금 범박하게 생각해보니
네게도 숭숭 뚫린 그리움들이 있었겠다 싶고
단단히 여민 너의 소상한 사랑이었을까도 싶어서

너를 찾아가 하소연 한두 개쯤 던질 여정들 있다면
그저 나지막이 네 이름 두 글자
불러보라 부탁하겠네

소낙비 그치고 머물지 않는

소낙비 그치고
덩실해진 허공
박새 한 마리
이팝나무 꽃이 되다

재촉하던 걸음
후밋길에서 멈춘다

물방울 잘랑잘랑
긷는 굽은 길
서둘지 않고
안개 걷는다

조각구름 흩어지자
동화가 된 하늘
휘어진 길에
일곱 꽃이 만발했다
〈

비내음 지나간 저녁

웅덩이에 참방참방

도랑이 되는 사람들

흐르는 자리처럼

머물지 않는

경춘선

멀지 않은 낯선 장소를 향해 떠나는 새벽
낯선 이들을 태운 기차가 일상처럼 낯설다
나 역시 누군가에게 낯선 자로 스치고픈 하루

애써 이방인이 되려고 집착하지는 말자
낯선 사랑이었다면 익숙한 이별 또한 필요하다
익숙한 이별이었다면 낯선 존재로 다시 살아야 한다

기차가 농밀한 아침을 달린다
침목과 선로가 서로를 결속한 채
속도와 무게를 받아내고 있다

미련들을 차창 밖으로 던지자
비가 흩뿌렸다
낯선 질문들이 마음의 틈새를
덜컹거리며 지나갔다
틈새를 메우다 지친 것들이 차창 바깥으로 스쳤다
〈

낯선 하루에 목례를 아득히 던질 즈음
상행선 막차가 나지막이 귀띔을 던졌다

낯섦은 바깥에 있지 않다
바깥의 나에 익숙하지 않은 것뿐이라고

라이프 플래너 K씨

  딸아이 사진이 장식된 가입 설계서가 놓여 있다

  가벼운 월 불입액을 인상시키고 지진처럼 찾아올 재해 사망 특약도 연장시켜야 하고
  뜻밖의 무병장수를 위해 연금액도 리모델링 해야 하고 종국엔
  사망 뒤에 남겨질 가족들을 위해 가족애가 풍성한 종신 보험도 살갑게 권유 받는다
  기대 수명의 마지막 날에 여태 살아온 삶이 바짝 이웃해 있다

  생존과 사망이 한 끗 차이로 등급 매겨진 책자

  이승과 저승의 보장금액이 공식 속에 품어진 채
  야윈 일상은 자본의 링거를 맞고 있다
  사망보장 기간을 넘어 생존해야 하는 이유다

  생명 다하는 날까지 멋진 아빠로 기억시켜 준다는 광고 문구는

두려움의 청구서가 쥐어진 듯 고통스러운 침묵

가난한 납입금이 유산의 전부가 아닐 것이라고 떠날 때 빚은 남기지 않을 거라고
사후에 발견될 나의 비망록이 그들의 여생에 견고한 내진 설계가 될 거라고
고.백.하.는.데
사지가 지진처럼 무기력하게 흔들리고 있었다

철이 덜 든 가장들은 헛헛증을 달고 산다고 K씨는 헛헛한 웃음을
첫 눈 내리는 길가에 툭툭 던지고 있었다

3부

참꽃

너래에 널린 낙조는
진분홍 꽃 되고
찐득하여라
서리꽃 차갑게 피던
노파의 겨울 속에
설파되던 복음
두 번의 참척(慘慽)
神이 워대 있더래요
마지막 봄 꽃잎일 듯
이승 담군 두견주 한 잔
따라낸다
잎보다
먼저 피어
그림자 되어버린 꽃
포시러운
노파의 얼굴 닮은

성수동 달팽이

잔설이 늦겨울 바닥에 흉터로 얼어붙었다
빙판은 노인의 걸음을 낚아채고 있었으나
알량한 적선(積善)처럼 쌓인 폐지 더미를 향해
바닥에 닿을 듯 굽힌 몸이 무게를 지치며
느릿하게 기어가고 있다

키를 넘긴 재활용품 실은 리어카가
훈김 흩어지는 만두가게를 돌아
폐업 문구 붙은 감자탕 가게 앞에 멈춘다
뜯다 만 뼈다귀들이 주인의 아련한 미련 같았다
국물 자국 간직한 냄비들이
고물상 번호 쥐여주고 떠난
사장의 마지막 전리품처럼
노인의 리어카에 난민처럼 실려 간다

육중해진 리어카를 끄는 몸이
더듬이처럼 이리저리 흔들렸다
〈

깨진 패각 속으로 눈발 달라붙고
점액 같은 눈길 길게 난
호젓한 시장길 끝으로
달팽이 하나 사라진다

신통한 딸꾹질 멈춤법

맘카페에 신통한 딸꾹질 멈춤법이 있다네요
동서남북으로 서서 물 마시고 소리치기

동쪽으로 서서 물 한 번 마시고 동~
서쪽으로 돌아 물 한 번 마시고 서~
남쪽으로 서서 물 한 번 마시고 남~
북쪽으로 돌아 물 한 번 마시고 북~

반신반의하던 어떤 엄마는
감쪽같은 효능을 보고 원리도 따졌다는데
규칙적인 말 사이사이로 마신 물 때문인지
네 방향으로 돌며 마신 물 때문인지?
여하튼 말도 안 되는 방법인 줄 알면서도
이것이 경직되지 않은 동요 같아서
앞으로도 신나게 따라하겠다고 합니다

딸꾹질을 멈추게 한 과학적 검증은 둘째치고
아이의 딸꾹질 앞에서 질문도 던지고 고민하고

물도 나눠 마시고 몸도 이리저리 돌리던
엄마가 위대하고 감사하고 따뜻했습니다

불의한 세상살이 속에
딸꾹질 찾아올 때
우리 같이 한번 따라 해 봐요
세상을 바꿀 수 없는 일이지만
딸꾹질 사라진 신기한 밤 찾아온다네요

북쪽으로 돌아 물 한 번 마시고 북~
남쪽으로 서서 물 한 번 마시고 남~
서쪽으로 돌아 물 한 번 마시고 서~
동쪽으로 서서 물 한 번 마시고 동~

흔들림의 속내

수백 년 동안 가지에 들고 난 바람은
흔적 하나 새기지 못한 자격지심일까요
태풍으로 덤비는 바람마저도
나무는 짐짓 가지 몇 개 흔들며
한숨 한번 깊게 내쉬고
다하지 못한 말 무심히 던지곤 했지요

바람의 탐심은
뿌리까지 들춰내는 것이겠지만
나무는 제 가지들 툭툭 끊어내며
그렇다고 침묵을 가벼이 풀지도 않으며
바람의 적당한 통로가 되어줍니다
잠잠해진 바람에 잠시 멈추기도 했지만
흔들리는 것이
바람에 대한 예의였는지
뒷짐 진 채 건네는 농이었는지
부러진 잔가지들은 영문도 모르고
뿌리를 향해 그저 떨어질 뿐이죠

〈
휘어질 줄도 알아야 한다는 말은
부러지지 않기 위한 비루한 가설이라고
큰바람 올 때마다
제 몸 하나씩 툭툭 끊어냅니다

흔들렸다는 것은
뿌리의 기도였는지
자국이 남긴 가려움이었는지
떠돌이 곤줄박이에게나
슬쩍 물어볼 일입니다

대림 세탁소

외투들이 벚꽃 질 때까지 걸려 있는 동네 세탁소
입지 못한 고백들이 천정 위로 걸려 있고
책갈피 같은 꼬리표에는 이름들이 위탁되어 있다
다림판 오른쪽에 외상 빼곡한 해진 장부도 몇 권 졸고 있다
37년 만에 복직된 어느 노동자가 흑백 TV에 비치고
작업복에는 소금꽃이 만발해 있었다

사는 일이
지워내지 못한 얼룩들 다림질 하다보면
비길 데 없는 무늬가 될 수 있고
펴지 못한 주름들 내 목주름이다 생각하면
잘 익은 세월로 위안될 수 있고
무늬로 정갈하게 다려진 손금처럼
드라이하게 클리닝 찾아올 때 있다

얼룩이 무늬로
주름이 세월로
빨아지는 것이 세탁이라면
적어도 세탁소 하나씩은
맘에 지니고 사는 것이다

오금동 블랙바

스스로를 블랙홀이라 여기며
매일 밤 흑역사를 논하는
블랙홀들이 테이블에 나란히 앉아
18년산 몰트위스키를 홀짝거린다
정글 같은 이 아지트가 어쩌면 성지(聖地)일지 몰라
별들이 하나 둘 사라진 장례식장을 찾아 조문하는 것은
사건의 지평선에 구멍을 내는 의식 같은 일
그날 밤 시공(時空)은 출구를 찾아 헤매다 선잠이 들었고
빛을 가둔 감옥의 커튼을 찢어버리는 담대한 꿈도 꾸었다
스멀한 먹빛만 가득한 이곳에서
위스키 한 잔은 은비늘 돋게 하는 성수 같은 것
블랙바 창문위로 빗방울 툭툭 떨어지는 밤
블랙홀들은 저마다의 죽은 별들을 뭉근하게 게워낸다
신비하게 그 별들에서 빛이 산란하고
불똥 속에는 몇 근의 집착들이 주정이 되기도 했고
위태로운 교만으로 흐느적거리기도 하였다
블랙바 입구가 출구로 해방되자
헤매던 마음들이 선잠에서 깨어났다
검은 주막 밖에선
예고 없던 불꽃놀이가 시작되고 있다

어플루엔자(Affluenza)*

포르말린에 절린 립스틱에 욕망이 점화되고
이종격투기장에서 흘러나온 핏물은
굶주린 카타르시스와 윤락한다
게임머니를 벌기 위해 앵벌이가 된 소년은
포털섬에서 익명으로 풍장 되기도 하였다
복제된 개 수십 마리가 자판기에서 탈출했다는 기사는 고루하다
백화점 응급실에 도착한 일가족에게
쇼핑몰핀이 주사되면 신용카드가 감각을 마비시킨다
할부라는 부작용에는 더러 리볼빙이라는 신약이 처방되기도 하였다

백신은 효능이 검증된 항생제가 되지 못했다
두려움을 모르는 노예의 우상은 명품
오픈런을 기다리는 심장은 전날부터 공회전을 하고 있다
이식된 허영들이 증식에 실패하면
홈쇼핑 링거가 응급 처방된다
주문을 완료한 자들만 퇴원이 가능하다

〈
변종들이 끊임없이 제조될 때마다
교환주기가 지난 인플루엔자는
방제구역 밖에서 철저히 소각된다
무소유나 미니멀은 골드체인 시스템으로
완벽히 격리되고
소비는 늘 부드러운 중독으로 유통된다

쓰레기 더미 속 해골이 키득키득 웃는다
죽은 자들의 머릿속엔 중독이라는 바코드가 영생했다
한때 효과 좋은 치료제가 출시되었으나
임상실험에 실패했다는 기사가
화석처럼 숨겨져 있었다

*어플루엔자(Affluenza) : 풍요를 뜻하는 낱말 affluence와 유행성 독감을 뜻하는 낱말 influenza의 합성어

항주, 서호(西湖)에서

묵객의 붓이 낙조에 멈추고
탑에 깃든 전설에 귀 열리는
서시(西施)*의 눈썹 닮은 호수
하늘같이 아련하기도
안개처럼 비밀스럽기도
흔들리는 목선 위에서
시선으로 붙잡아보니
비로소 알았다
바람에 일렁이는 것이
마음에 찰랑이는 것이
가라앉는 것들을 떠받치던
물의 결이었음을
호수의 침묵이었음을
서른 세 개의 달을 비춘다는
석탑 안에 불이 켜지면
전설 깃든 목탑에
사랑 이야기 간지럽고
옛 시인의 취기도

물결로 밀려가는
고대 월나라 어느 땅
우묵한 물의 고향에서
물결로 출렁인 적 있다

*서시(西施) : 중국 춘추 시대 월나라의 미인

서로의 길 쓰다듬어

아스팔트를 달리며 산길을 누비며
웅덩이를 탈출하기도 하며
일 년에 한두 번 아버님 산소길 진흙도 헤치며
광택 사라진 황량한 몸뚱이에 해마다 녹물은 번져
번아웃쯤은 속도에 숨겨 모른 채 달려온 것인가
지구 다섯 바퀴쯤 달린 거리의 궤적이
강릉 바닷가 목전에서 그만 끊어져버린
외로울 때 즐거울 때 나를 싣고 달리던 오랜 동무
CT 촬영마냥 리프트에 끌려 온몸 진단하니
검게 바닥을 드러낸 뱃가죽에
덕지덕지 암 덩이들 시커멓게 키우고 있었구나
아픈 티 전혀 없이 찌그러지고 긁힌 채
어르기도 보채기도 했을 너의 속도는
오르막길에 과속에 병을 얻어가고 있었구나
보닛 뚜껑마저 열어 둔 채
망가진 장기들 불며 닦으며 녹 제거하는 것이
게으른 내 몸뚱어리 사포질하는 것 같기도 하고
너덜해진 마음 기름칠하는 것 같아

나의 속도도 이만해서 브레이크 걸어볼 일
이제부터 너와의 동행 길은 긴장이 되겠지
그럴수록 바닥을 들여다보고
봄꽃 흐드러진 어느 동산에선 속도를 줄이고
언제일지 모를 주저앉아도 될 만한 때
세월 따라오던 길에 석양 한 줌 뿌리며
서로의 길 쓰다듬어 줄 때 오겠지

슈퍼맨에게 보내는 편지

코로나바이러스로 혼몽한 이 시대에 당신의 세상살이는 평안한지요?
그 옛날 크립톤 행성에서 로켓에 실려 지구에 온 그때를 기억하시는지
크립톤의 마지막 아들로 지구의 고아원에서 성장했고 캔자스에서 만난 양부모님이
당신을 선량한 슈퍼영웅으로 키워내셨죠
순진한 신문기자이던 당신이 벼락처럼 복장을 변신하고 수정펀치 한 방으로 빌런들을
먼지로 날려 보낼 때 당신은 최고의 히어로가 분명했습니다
지금 생각해보면 외계인과 지구인 사이에서 혹 정체성으로 고뇌했을지 모를 당신을
외면했던 건 아니었을까
하지만 이 세상을 살아가는 우리 인간들 역시 이중 자아와 씨름하는 무지한 사육사들이니
가책은 가지기 않기를 바랍니다
아 당신의 그것과 인간의 그것은 비교 대상이 아니라구요?
아님 말구요
〈

솔직히 당신의 초능력들이 여기저기서 친절로 베풀어질 때 당신은 더 이상 비밀에 싸인
외계인이 되지 못했어요
그러면서 언젠가 이런 고백을 한 적 있죠?
"나는 골판지로 만들어진 세상에서 사는 느낌"이라고
아마 인간의 공황장애 같은 마음의 병 아니었을까요?
인간들은 여전히 콘크리트 속에서 교활해진 영혼이 되어간다 라고 하면 당신의 고뇌가
좀 가벼워질 듯도 합니다만…
그 골판지와 이 콘크리트는 소재가 다른 것이라구요?
서로 소통의 문제가 계속되는 것 같네요 아무튼 죄송하게 되었습니다

참 당신의 오랜 연인이자 아내인 로이스 레인 여사의 안부를 잊었네요
절 나가던 시절 원더우먼과의 염문설 속에서도 당신을 떠나지 않았던 그녀에게
꼭 저의 마음을 전해주세요 저의 이상형이었다고
그녀도 이젠 백발이 되어 당신의 양부모처럼 아들 존 켄트의 삶을 지켜보고 있겠군요
자식 얘기가 나와서인데 이 시대의 아빠들은 당신의 열렬한 팬들이죠
슈퍼맨이 돌아왔다면서 자녀들에게 친절과 환대를 베

푸는 그들은 슈퍼맨의 초능력을 꿈꾸는 것인지 평범한 신문기자의 정의를 사모하는 것인지 저도 아빠지만 남 얘기 같아요

 아들 존 켄트의 사랑이 최근 세상에 알려지면서 저 역시 부모 된 입장에서 한마디 거들고 싶습니다
 꼰대라는 비아냥은 정중히 수용 하겠습니다
 남성기자와 딥키스를 하는 사진으로 깜짝 커밍아웃을 한 아들에 뭐랄까요
 무너지는 바벨탑을 껴안고 있는 느낌이랄까

 어쨌든 사랑에 대해 정의를 내린다는 건 사회적 관계망에서 작살날 일이죠
 불륜을 행한 남녀가 사랑한 것이 죄가 되냐고 반문하는 요즘에는 더더욱

 근데 살아보니 뭐 사랑이 밥 먹여 주느냐고 충고하고 싶은 건 아니지요?
 사랑이 단지 지식일 땐 밥을 먹여주진 않습니다만 사랑이 마음일 땐 밥을 먹어야 하는
 이유와 식욕을 선사한다고 저는 믿고 있죠
 사랑의 재료가 돈의 밑밥이 되지 않고 사랑의 중심이 다시 가난해지는 그런 사랑 말입니다

치료불가 꼰대 같다구요? 정중히 인정합니다

두서없는 글에 조금만 당황하시길 부탁드립니다
파란 타이츠에 붉은 망토를 걸친 모습도 좋고 정체를 가려줄 안경 쓴 클라크 캔트 기자여도 정말 아무런 상관없습니다
당신은 빌런들의 공포의 대상이기보다 멋진 로맨티스트이자 우리들의 선량한
이웃이었으니까요

올 겨울 마지막일 것 같은 눈 내리는 저녁 소주라도 한잔하며 같이 취해보는 건 어때요
고향 행성을 바라보며 이 시대의 사랑을 적나라하게 논하면서
난세에 또 다른 영웅을 소원하며 이만 총총 줄입니다

추신 : 시간과 장소는 그리움이 큰 자가 먼저 연락하기로 합니다

모든 말[言]들은 서로에게 난 길이어서

구부러진 말은 길을 막고
비뚤어진 말은 지옥을 맛보게 하며
엉터리 같은 말은 사랑을 얼게 하네

설익은 말은 울림을 외면하고
뱀같이 은밀한 말은 영혼을 팔게 하며
가벼운 말은 초막의 등불을 거둔다네

얼음 같은 말은 선을 악에게 바치고
먼지 같은 말은 천국을 철거하고
지문 없는 말은 마음을 고아로 만든다네

모든 말들은 모든 마음이어서
모든 말들은 서로에게 난 길이어서
석양 지는 오솔길 되기도
낭떠러지 품은 비탈길 되기도 하네

그러므로 모든 말들은

사나흘 혼자 흐르게 하고
어디쯤에서 말간 새암물 되었을 때
길 사이로 촉촉이
흘려보내야 한다네

죽음의 때

그리움이 가까울 때와 멀 때
마음이 겸손할 때와 교만할 때
열매가 농익을 때와 설익을 때
고백이 희망일 때와 절망일 때
웃음이 천사일 때와 악마일 때
분노를 내쉴 때와 들이쉴 때
소원이 처음일 때와 마지막일 때
침묵이 뜨거울 때와 차가울 때
진실이 용감할 때와 비겁할 때
고통이 밀물일 때와 썰물일 때
당신이 천국일 때와 지옥일 때
고독이 양지일 때와 음지일 때
우리가 사랑할 때와 이별할 때
세상이 길들일 때와 길들여질 때
죄가 예리할 때와 무뎌질 때

이 세상 모든 생명의 때에
한 치의 오차 없이 심겨진

문득문득 겸손한 경외를 표할 때
그
죽음의 때

태초의 변명

변명은 내로남불의 자의식이다
눈이 밝아져 선악을 알게 된 후
변명의 역사는 죄의 성시를 줄곧 방관하였기에
낙원의 추방 이야기는 비겁한 로망스쯤으로 여겨지지

변명대신 용서를 구하진 못했을까
책망을 겸허하게 수긍하였다면
용기 내어 신의 낯을 피하지 않았더라면
바람 부는 에덴동산엔
원수의 역사는 없었을지도
가시덤불이 인생의 시험으로
은유되진 않았을지도

신이여
어데 있느냐 내게 물으신다면
더할 수 없이 자유한
가관인 세상에서
행복하다고 대답하지요

어데 있느냐고 또 한 번 물으신다면
내가 만족하면 모든 게 선이 되는
요지경 속에 있지요
이것이 당신에 대한 저의 마지막
변명이지요

시집 코너 앞에서

웃자란 생각들

가지 치고

희로애락 여정 길

다듬어서

문패 달고 나란히 몸 기댄

영혼들의 네모난 집

카페 블루진

망각이 부활한 곳

기억이 벼락으로

내리치던 곳

아찔했던 아픔이

추억으로 매달린 곳

행복 하라며 돌아서던

당신의 눈물을

밤새 마시던 곳

1990년대의 어떤 사랑법

외박 끝나고 귀대하는 저녁
부대 앞 로터리에는 비가 내렸어
별이 져 가슴이 무너졌다고 노래하는
유행가 가사를 귀로 떠올리는 건
마음에 묻힌 별을 볼 수 없어서였지
— Authorized Personnel Only
미8군 담장의 경고문이 불쑥 기억 속을 헤집어놓았어
누군가에게 허락된다는 것처럼 쓰라린 환희가 또 있을까
허름한 뒷골목 스쳤던 바람 자국처럼 가뭇없을 거라고
이별의 음성 단호할수록 눈물 움켜쥐던 여름밤
묻어두기로 결심한 별을 품고 미련 없이 떠나 도착한 그곳에서
 오직 귀로 너를 듣고 오직 귀로 너를 만지며
 비가 내리던 날 그 별이 쓸려 가면 좋겠다고
 그래서 귓속말마저 비가 되는 날 온전히
 떠나보낼 수 있을 것 같은 밤 기다리던 때 있었지
 막 떠나온 것처럼 겨울은 너무 빨리 찾아왔고
 마음에 찬 바람 들이쳐 행여나 식어질까

별자리 묻힌 곳 빗물에 씻겨 사라질까
모든 것이 떠난다면 차라리 홀가분해 질 수 있을까
침낭 속에 태양 끌어안고 사나흘 불덩이 된 적 있었지
어느 날 사그라진 별인 걸 슬퍼하면서
온 우주에 널 주둔시켰던 어느 해

꽃구름 그늘 속에 원본을 간직하고

낡은 기계 한 대가 몸속에 살고 있어요

파란 초인종이 쪽잠을 깨우면
차가운 유리 위로 원본을 눕혀주세요
데워진 전기가 통증 없이 스쳐 갈 거예요
원본이 짝퉁이 될 수 있음을 유의하세요

내일은 폴더식 방을 만들고 막 수집한 정보를
유틸리티로 도배해야 합니다
해상도 뛰어난 스캔으로 디지털 안테나에
등대 만들 채비도 서둘러야 하구요
빛은 오로지 나에게로 향해야 합니다
노파심이지만 IP 주소는 꼭 기억하셔야 해요
굴곡진 삶을 몇 초 내에 평면으로 보정할
모기지론이 혹 필요할지 모르니까요

프로토콜 골목길을 더듬으며
생각들이 쇳가루처럼 날아드네요
무한 복사하여 가지런히 출력해야 해요

원본을 짝퉁처럼 짝퉁을 원본처럼
지정된 농도나 배율을 벗어나면
당신의 슬로건까지 손봐야 하니 조심하세요

출력의 속도를 이기지 못할 때는
두꺼비집을 볼모로 초기화를 진행하세요
토너에 가래가 차면 완벽한 복제에 흠이 생깁니다
교체시는 메뉴얼을 반드시 확인하시기 바랍니다

USB에 가둔 기억들도 복사를 원하세요
그림자 짙은 마음 한구석도 스캔을 바라나요
고독이 자유로 판독되길 갈망하세요
기우이길 바라지만
진정이라면 차세대 모델을 기다리시죠
궁금함에 대한 부연 설명은 다용도실 시방서에 보관되어 있구요
추가 질문은 반송처리 예정입니다

진짜 원본이 필요할 때를 대비해 아래 주소를 알려 드립니다
집시가 쫓다 포기한
꽃구름 그늘 속에 보물찾기 놀이라는 곳에 준비되어 있고
당연히 복사는 불가한 곳입니다

어느 母子의 올드풍 사랑 노래

쇠잔해진 들녘 개망초도 흐드러져 흔적 되어버린
묵은 선로를 타고 회송열차 한 칸 들어온다
시발역은 물어 뭐해 칠순 넘긴 곰삭은 간이역은
불혹을 달포쯤 남겨둔 탕자 되어 온 아들 위해
풀 먹여 개어 놓은 홑청 누비이불 풀어 내어 놓는다
장가들었다 비릿한 슬픔만 낡아온
먼저 간 며느리 욕은 이승에서 끝내자고 처연히 웃는 첫째
장가 대신 칸타로스 별의 짱가 되고 싶다는 둘째
혈육이라는 것도 때론 오롯하지 못한 고리 같다

얌전만 뺀다고 여자는 붙지 않는다고
우리 아들놈들은 하나 같이
여자 꾀는 재주들 없다고
못난 놈들 늙은 어미가 차려주는 밥상만
꾸역꾸역 축내는 늙은 말들 같다 하면서도
아랫집 아들 청첩장 슬며시 내보이며
축의 봉투에 이름 석 자 써 달라 한다

번갈아 술 취한 늙은 말들

늦은 귀가에 설친 밤잠
식구란 제 시간에 이불에 박혀 있어야
편한 잠 잘 수 있지
며느리 밥상 받아도 시원찮을 나이라고 매칼없이
해장국에 북어만 집어넣는 새벽

고사리 같은 손가락 앙앙 입술에 비벼대다
위층 세든 젊은 새댁 눈칫밥에 움찔
남의 새끼 냄새도 이리 좋은데
걸을 수 있을 때 우리 새끼 업어보기나 할까
고목이 되어가는 몸에 모처럼 꽃이 피어났다

돈 주고 인연 산다는 첫째의 핀잔도 아랑곳않고
오늘은 결혼정보회사에 둘째 이름도 등록하고
집으로 오는 길 소래 포구에서 건져온 육젓 한 통
인생도 나이 들면 염도가 달라지는 것이지
일찍 죽은 애비보다 너스레라도 덜 무뚝뚝해 다행이라며
하루 더 익어간 노모의 팔자 주름진 입에서
사랑은 아무나 하냐고 트롯 한 곡조 뽑아내는
취기 가득 두 아들의 님과 함께
댄스까지 더해지는
母子의 올드풍 사랑 노래

여정(旅程), 그 아름다운 고난
– 여정의 교회 분립 1주년을 기억하며

새벽엔 어둠이 한 차례 더 깊게 내렸다
눈물 흘리며 뿌린 씨처럼 순전한 별들
나의 불로 지핀 횃불
그 별들과 불꽃은 어둠을 밝히지 못하고 빗겨 갔다
어스름한 들녘에선 회칠한 담이
허물어져 땅에 넘어지고[*]
거무죽죽한 삶의 궤적들
면류관 가시 끝에 빨래처럼 나부꼈다

어둠 가운데 선득한 이방인 닮은
바람 지나간다
한 줄 소낙비에
발자국 지워지고 밟혀지는 일
끝내 하늘 도성에 이르러
온전한 햇살로 내리쬐는 默示
그 시작이 여정인 거다
〈

오, 그대 세상의 나그네여
푸석해져 푸줏간에 내걸린
메마른 실낱같은 영혼이여
짐승 같은 세상 중심에서
세상 제복 걸친 황제인 것처럼,
우리를 더 이상 도려내지 못하는
무뎌진 죄의 칼날처럼,
그 터진 웅덩이들
실낙원에 담대히 뿌리 한 줄 심어놓고
겨울바람 속 나목(裸木)처럼
뜨거운 속울음 흘려보내는 일
그 부름이 여정인 거다

허기진 영혼 어깨에 메고
바람 속 나부끼는 겨처럼
내딛는 삶의 걸음걸음 늘 아스라하지만
값없는 긍휼이 아니면 닿지 못하는 길
흔들림 없는 반석 위에
비로소 내 발 등불 지펴 올려 놓는 일
마중길 지나 천국 앞 순례길 마치는 일
그 열매가 여정인 거다
〈

잔잔한 바다 위, 뱃머리에 쏟아지는 별을
노래하기보다
성난 파도 흑암의 물결 따라
울부짖으며 광야에 서고픈 거다
내가 짓이겨져도
피 흘린 강도를 위해 주막 지어
마침내 우리를 내어주는
긍휼의 여정이고픈 거다

진흙탕 속 향 가신 코코넛 커피 같은
미완의 인생이어도,
속절없이 벼랑에서 구르는
연약한 주추 같은 고백이어도,
보아라, 저 약속된 완성을
믿음 한 점으로 세워지는 돛대의 만곡(彎曲)** 속
결실한 어린 감람나무 결들을
밀물 같은 고난 썰물처럼 거둬가는
세물날*** 은혜 같은 여정인 거다

빈궁한 자들의 기도가 좁은 문 사이로
안개처럼 피어올랐다
겨울바람 속에 나목(裸木)이 새순을 잉태하고 있다

이제 나그네의 걸음걸음은 바늘이 되고
천국 여정의 믿음을 깁는다
그 아름다운 고난이
감사의 씨실과 찬양의 날씰로
성전 되고픈
참한 결실의 고백이
지금 우리의 여정인 거다

* 에스겔 13장 14절
** 만곡(彎曲) : 활 모양으로 굽음
*** 세물날 : 썰물과 밀물의 차이로 볼 때에, 음력 열이틀과 스무이레를 이르는 말

고슴도치 딜레마

헤와 해바라기
물과 기름
구르는 것들의 바퀴
N극과 S극
낮과 밤
천국의 악마
지옥의 천사
로미오와 줄리엣
나무와 바람
나와 그림자
시어머니와 며느리
사랑과 情
집착과 애착
아파트의 간격
독신과 결혼
회전목마 위 말
선로 위 두 줄
혼술 남녀

〈
당신과 나의
가득 돋힌
가시들의 간격

송원리

폐가 앞 녹슬어가는 경운기에 능소화 잔뜩 핀 곳
소 장사꾼으로 떠돌며 돈맛깨나 본 김 씨가 낙향한 지 십 년
봉분도 묘비도 없이 개불알꽃 걸판지게 흔적만 갇힌
뒤웅박 인생 같았던 부모님 묻힌 자리에
화석처럼 깊은 포클레인 자국이 을씨년스레 인화된 곳
어디로 떠나야 할지 막막해졌을 때 이곳 사람들은
처연히 돌아온 그를 망자를 버린 망할 자라고 뒤돌아
혀를 차기도
낙향을 앙칼지게 폄하하기도 했다
탕진하고 남은 우수리 같은 세월을 이곳에서 보내겠다고
땅거미와 함께 흔적 앞에 그가 홀로 머물곤 했다
붉은 슬레이트 지붕위로 능소화의 전설이 붉게 덩굴지던 곳
기면병을 가졌던 그의 졸음이 길어질수록 몸도 점점 헐
거워져 갔다

한때 그곳은
떠날 곳 찾지 못해 떠돌다가
정오가 늘 기상 시간으로 변했던
나의 은둔이 혼몽하게 저장된 곳
주파수 돌리며 도시의 성탄을 훔쳐 듣던

사족(蛇足)

미련한 변명

입맛 없는

헛배 부름

내 시가

딱 이짝이다

■□ 해설

도시적 서정과 가상적 상상력 속의 초월의식

박현솔(시인, 문학박사)

　현대 도시의 모습은 초기의 도시 모습과 비교가 되지 않을 정도로 많이 바뀌었다. 현대의 도시는 욕망을 끊임없이 재생산하면서 인구를 집결시키고, 산업을 발전시키고, 과학 문명을 발달시켰다. 그리고 정치적으로 다양한 이슈를 만들어내며 경제적으로 자본의 중심을 이루는 곳이다. 그럼으로써 사람들이 도시의 편리한 생활에 만족하여 끊임없이 욕망을 추구하게 한다. 과거에는 농촌과 대립적인 측면에서 비교가 되었지만 요즘에는 일부 농촌을 제외하고 대부분이 도시화가 진행되면서 전 국토의 도시화가 빠른 속도로 이루어지고 있다. 또 인간이 도시에서 나고 자라고 죽는 것이 일반적인 것이 되면서 도시를 벗어난 삶은 생각할 수 없게 되었다. 그러면서 농촌의 자연에만 서정이 존재하는 것이 아니라 도시의 서정에서 다양한 인간의 삶을 조망하고 들여다볼 수 있게 되었다.

한편 상상력은 감각을 변형하여 이미지가 표상하는 대상을 끊임없이 역동적으로 변형시켜 존재 형성의 힘을 갖는데 인식적 상상력은 체험을 통해서 정서적 반응이나 깨달음을 얻게 하고, 조응적 상상력은 기존의 체제나 사고 등을 비판하거나 반성하게 하고, 초월적 상상력은 자아와 세계의 결렬이 없는 충족된 세계를 그림으로써 정신적인 자유를 얻게 한다. 이때 초월적 의지를 통해서 인간 존재는 현대문명과 산업화의 영향으로 분열된 자아와 세계의 통합을 꿈꾸게 되고 자기동일성의 상상적 구축작업을 시도하게 된다. 그리고 선과 악의 대치와 갈등을 해결하고 새로운 통합의 세계로 나아가려는 경향을 보이게 된다.

또한 시대가 급변하고 새로운 표현 가능성이 요구되면서 영상매체의 발달이 급속도로 이루어지고 있다. TV나 영화 등의 이미지를 통해서 일상적인 리얼리티를 친숙하게 받아들이게 되면서 인간의 보편적인 사고마저도 영향을 받게 되었다. 그리고 과학기술의 발전으로 우주 시대가 열리면서 일상적인 공간을 넘어서 우주적인 공간으로 인간의 시야가 확장되고 별과 우주에 대한 탐색도 이루어지고 있다. 영상매체와 컴퓨터의 발달, 과학의 발전 등은 인간의 상상력을 무한대로 확장시키고 그것을 통해서 미래의 세계로 나아갈 수 있는 발판을 마련한다. 더불어서 인간이 나아가야 할 방향을 거시적이고 통합적인 안목으로 모색할 수 있도록 상상력이 끊임없이 추동되고 있다.

이번 김형정 시인의 첫 시집 『오래된 질문』에는 전반적으로 일상적인 삶에서 발견한 도시적 서정과 영웅 캐릭터를 통해 힘든 삶을 살아가는 존재들을 대변하는 영화적 상상력, 암울한 현실의 시공간을 우주적으로 확장하고자 하는 우주적 상상력, 선과 악이 공존하는 현실에서 통합의 세계로 나아가고자 하는 초월의식이 드러나고 있다.

1. 일상의 삶에서 발견한 도시적 서정

①

중심은 왜 뜨거워야 하는지 잘 모르겠지만
핫플레이스 홍대에 살고 있는 나는 웬일인지
여전히 변방인으로 길을 걷고

늘 냉소 머금은 얼굴을 감추며

아싸로 주눅 들어 살고 있는지 몰라

어쩌면 나의 중심은 그럴듯한 금문패 하나 걸린

뜨거운 인싸를 사모한 것일지 모를 일

〈중략〉

새로 안친 밥으로 상 차리던 할머니의 저문 부엌이

웅덩이 패인 큰길 저편에서

나를 잡아당기는 어머니 꼬부랑길이

중심으로 길게 중력을 뻗어 낸

호젓한 골목의 휘파람이

내가 몰랐던 중심일지 몰라

– 「중심에 대한 단상」 부분

②

버스 막차 시간을 가늠하며

어제가 엄마 49재였다고

임종 직전에 희미하게 이름을 속삭였던 엄마는

치매를 겪는 동안 자기를 항상 여보라고 불렀다고

덩그러니 젖은 눈동자 깜박이며 그가 말했다

〈중략〉

길을 잃어 조금 헤매고픈 날 필요했다고

마음 절며 오른 버스가 강변을 빠져나가고 있었다

그의 눈물이 금모래 빛처럼 반짝이는 것 같았다

북쪽 출구 뜰에 갈잎처럼 가벼운 밤이 지고 있었다

-「강변역」 부분

③

정신 줄 놓지 않고 경계석을 세워야했다

경계석에 꽃을 피워 놓고서야

그것이 모래라는 걸 알아야했다

빌딩들 사이에서 넥타이를 휘감고 달린 것이

오아시스를 차지하는 것이라 여겨왔으나

의도된 신기루임을 알려야 했다

비로 내려 물이 되어야 한다고 말해야 했었다

아무렇지도 않듯 바보처럼 그을리지만 말고

아프고 저미게 타버린 것들에게

솔직한 안부를 물어야 했다

아련한 신기루가 되지 말자고 가끔 뒤돌아 봐야 했다

- 「벽산빌딩과 대우빌딩 사이엔 까만 오아시스가 있다」 부분

①에서 "홍대"는 누구나 인정하는 "핫플레이스"지만 화자는 자신이 "변방인"으로 살아가고 있다고 느낀다. 도시의 중심에서 다른 사람들과 어울려서 "뜨거운 인싸"를 꿈꾸었으나 현실은 늘 "냉소"를 머금고 "주눅 들어" 살고 있다. 그러면서 자신이 살고 있는 곳이 "중심"이 맞나 하는 생각을 하게 된다. 도시의 "중심은 중력이 철거"되어서 화자를 의미 있게 끌어당기지 못하는데 그것은 화자의 마음속에 자리를 잡은 하숙집 할머니의 "저문 부엌"과 어머니의 "꼬부랑길"이 화자를 "잡아당기"며 "중심으로 길게 중력"을 뻗고 있기 때문이다. 그래서 화자는 지리적으로 도시의 한가운데에 살고 있지만 그곳이 중심이 아니라 사람과 사람들, 도시와 사람들의 경계가 어우러진 그 "가장자리"가 "진짜 중심"이라는 깨달음을 얻게 된다.

②에서 도시의 "섬처럼 솟은" "동서울터미널"은 서울과 각 지역을 오고 가는 교통의 요충지이다. 화자는 오랜만에

"20년 지기 친구"를 만나서 그동안의 일들을 전해 듣는다. 친구의 어머니가 치매를 앓다가 돌아가셨다는 것과 어제가 친구 어머니의 "49재"였다는 것을 알게 된다. 친구는 요즘 그것 때문에 마음의 "길을 잃어" "헤매고" 있는데 "마음 절며 오른 버스"에서 그것이 드러나고 있다. 강변역은 도시에 외따로 솟은 "섬"처럼 보이지만 수많은 사연들이 모이고 흩어지는 곳이다. 화자가 도시에 살고 있으면서 지역의 친구들과 지속적으로 소통하며 지내는 모습에서 각박한 도시의 공간도 그곳에 사는 사람들의 삶의 방식에 따라 차갑거나 삭막함이 줄어들 수 있다는 것을 알게 된다.

③에서 현대 도시 문명을 사막으로, 희망을 가장한 절망감을 "까만 오아시스"로 은유하고 있다. 화자는 도시의 남자들이 일군 성과들이 허망하게 무너져내린 "모래"임을 암시적으로 드러내고 있다. 그리고 "오아시스를 차지하는 것"이 경쟁에서 이기는 것이라고 생각하지만 그 역시 "신기루"일 따름이라는 것을 깨닫는다. 그렇다면 어떻게 해야 무한 경쟁에 매몰되지 않고 자신이 사막에 서 있음을 자각하며 살 수 있을까. 그것은 "바보처럼 그을리지만 말고" "아프고 저미게 타버린 것들에게" "솔직한 안부"를 전하는 것이다. 그렇게 자신을 뒤돌아봄으로써 삭막한 도시

에서 신기루가 되지 않을 수 있다고 본다. 특히 "벽산빌딩과 대우빌딩"을 자본주의 상징으로 삼은 것과 그 사이에 "까만 오아시스"가 있다고 한 것은 도시 서정을 통해서 경쟁사회 속에 살아가고 있는 존재들의 삶의 의미를 다시금 생각하게 하려는 의도를 드러낸 것이라 할 수 있다.

2. 현실의 존재들을 대변하는 영화적 상상력

①

클로즈업은 습관적인 터부로 기억하세요

킬링 타임은 무심한 척 가볍게 즐기시고

적절한 타이밍에 뒷모습은 머뭇거리지 말며

익명에 익숙해질 때까지 음소거를 해두세요

짧지만 엣지있게 우연을 운명처럼 노출하세요

프레임의 끝자락에선 역광을 피하지 않아요

스포트라이트는 언감생심 기대를 버리시구요

― 「엑스트라」 부분

②

순진한 신문기자이던 당신이 벼락처럼 복장을 변신하고 수정펀치 한방으로 빌런들을
　먼지로 날려 보낼 때 당신은 최고의 히어로가 분명했습니다

〈중략〉

두서없는 글에 조금만 당황하시길 부탁드립니다
　파란 타이츠에 붉은 망토를 걸친 모습도 좋고 정체를 가려줄 안경 쓴 클라크 캔트 기자여도 정말 아무런 상관 없습니다

당신은 빌런들의 공포의 대상이기보다 멋진 로맨티스트이자 우리들의 선량한
이웃이었으니까요

올겨울 마지막일 것 같은 눈 내리는 저녁 소주라도 한잔하며 같이 취해보는 건 어때요
고향 행성을 바라보며 이 시대의 사랑을 적나라하게 논하면서
난세에 또 다른 영웅을 소원하며 이만 총총 줄입니다

— 「슈퍼맨에게 보내는 편지」 부분

①에서 대부분의 사람들은 자기 자신을 우주의 중심 혹은 모든 사고의 중심에 놓고 세상을 살아간다. 그것은 연극이나 영화에서 엑스트라가 자신이 주인공인 것처럼 말하고 행동하는 것과 유사하다. 때로 자신이 아니면 세상이 돌아가지 않을 것처럼 행동하는 경우도 있는데 이것은 갈등과 분쟁을 조장하는 요인이 될 수가 있다. 하지만 한 집단에서 자신을 낮춰서 "엑스트라"로 설정한다면 분명히 그

는 겸손하고 남을 배려할 줄 아는 사람으로 인정받을 것이다. 수많은 사람들 중에서 존재감을 가지지 못하는 엑스트라로 산다는 것은 "익명에 익숙해질 때까지 음소거를 해두"는 일이고, "프레임아웃으로 남겨진 빈 스크린"에 속하는 일이다. 이러한 겸손한 자세의 바탕에는 모든 존재들이 서로 어울려 살아갈 때 진정으로 행복한 삶을 살 수가 있다는 철학이 있을 때에 비로소 가능해진다.

②에서 〈슈퍼맨〉은 1978년 할리우드 최초의 만화를 원작으로 한 리얼리티 슈퍼히어로 영화다. "슈퍼맨"은 평화와 정의를 지키는 초능력자로서 태생부터 영웅이었으나 점차 신비감을 벗으면서 사람들에게 친근한 이미지가 되었다. 슈퍼맨이 "빌런들에게 공포의 대상이기보다 멋진 로맨티스트"이자 "선량한 이웃"이라고 생각하게 되었다. 화자는 "코로나 바이러스로 혼몽한 이 시대"를 "난세"로 보고 있는데 그만큼 현실이 어렵고 힘겹게 느껴진다는 의미이다. 그래서 슈퍼맨과 같이 "빌런들"에 맞서 정의를 실현해줄 슈퍼히어로가 다시 세상에 출현해주길 바라고 있는 것이다.

시인이 자신이 의도한 것을 드러내는 방식에는 여러 가지가 있는데 서정시인은 자신의 감정을 자연과 사물에 빗

대어서 표현하고, 리얼리스트는 현실의 부조리와 사회문제를 직접적으로 거론하고, 모더니스트들은 도시 문명 속 인간성 상실에 대한 문제의식을 드러낸다. 김형정 시인은 도시적 소재들과 도시적 감수성을 작품 속에 잘 녹여내고 있는 점에서 모더니스트에 속한다고 할 수가 있다. 모더니즘이 창작 기술의 혁신과 언어의 세련성을 추구한 것이라 했을 때 이러한 영화적 상상력은 시인의 의도를 새롭게 전달하려는 하나의 전략이 될 수가 있다.

3. 우주적 시공간으로의 확장을 꿈꾸는 우주적 상상력

①

스스로를 블랙홀이라 여기며

매일 밤 흑역사를 논하는

블랙홀들이 테이블에 나란히 앉아

18년산 몰트위스키를 홀짝 거린다

정글 같은 이 아지트가 어쩌면 성지(聖地)일지 몰라

별들이 하나 둘 사라진 장례식장을 찾아 조문하는 것은

사건의 지평선에 구멍을 내는 의식 같은 일

그날 밤 시공(時空)은 출구를 찾아 헤매다 선잠이 들었고

빛을 가둔 감옥의 커튼을 찢어버리는 담대한 꿈도 꾸었다

〈중략〉

블랙홀들은 저마다의 죽은 별들을 뭉근하게 게워낸다

신비하게 그 별들에서 빛이 산란하고

불똥 속에는 몇 근의 집착들이 주정이 되기도 했고

위태로운 교만으로 흐느적거리기도 하였다

블랙바 입구가 출구로 해방되자

헤매이던 마음들이 선잠에서 깨어났다

-「오금동 블랙바」 부분

②

외박 끝나고 귀대하는 저녁

부대 앞 로터리에는 비가 내렸어

별이 져 가슴이 무너졌다고 노래하는

유행가 가사를 귀로 떠올리는 건

마음에 묻힌 별을 볼 수 없어서였지

- Authorized Personnel Only

미8군 담장의 경고문이 불쑥 기억 속을 헤집어 놓았어

누군가에게 허락된다는 것처럼 쓰라린 환희가 또 있을까

허름한 뒷골목 스쳤던 바람 자국처럼 가뭇없을 거라고

이별의 음성 단호할수록 눈물 움켜쥐던 여름밤

묻어두기로 결심한 별을 품고 미련 없이 떠나 도착한 그곳에서

〈중략〉

침낭 속에 태양 끌어안고 사나흘 불덩이 된 적 있었지

어느 날 사그라진 별인 걸 슬퍼하면서

온 우주에 널 주둔시켰던 어느 해

– 「1990년대의 어떤 사랑법」 부분

①에서 "블랙홀"은 강한 중력에 의해 빛조차 빠져나올 수 없는 검게 보이는 천체인데 화자는 "오금동"의 "블랙바"를 드나드는 손님들을 "블랙홀"로 비유하고 있다. 블랙홀들은 매일 밤 이곳에서 "흑역사를 논하"고 있으며 "오금동 블랙바"는 그들에게 "아지트" 혹은 "성지(聖地)"이기도 하다. "별들이 하나 둘 사라진" 것과 "시공(時空)"이 "출구를 찾아 헤매"인 것과 "빛을 가둔 감옥의 커튼을 찢어버리는" 것들은 모두 우주 공간에 존재하는 무수한 블랙홀과 관련이 있는 우주적 상상력에 근거한다. 그리고 그것에 바탕을 두고 인간 블랙홀들이 "저마다의 죽은 별들을 뭉근하게 데워"내는 상상력은 각박하고 차가운 도시에 사는 사람들이 자신의 삶 속에서 엉키고 맺힌 사연들을 술로 해소하는 것으로 형상화하고 있다. 그리고 나선 "신비하게 그 별들에서 빛이 산란하고" "불똥"이 튀며 다시 살아갈 에너지를 얻게 되는 것이다.

②는 사랑과 이별의 경험을 "별"의 죽음과 연관시킨 우

주적 상상력이 돋보이는 시이다. 화자는 군인 시절 이별을 고하던 그녀의 전화를 받고 이별의 고통으로 괴로워하며 슬픔을 고스란히 견뎌낸 적이 있다. 그날 내리던 "비"와 "유행가 가사"와 "미8군 담장의 경고문"이 슬픔의 분위기를 고조시키는 역할을 하고 있다. 그녀가 "사그라진 별"인 걸 슬퍼하면서 "온 우주"에 그녀를 주둔시켰던 이러한 우주적 상상력은 평범한 남녀의 사랑을 아름다운 사랑으로 확장시키면서 특별한 의미를 부여하고 있다. 이렇게 시인이 자신의 삶과 기억 속에서 의미 있는 장소와 경험을 우주적 상상력으로 형상화한 것은 무엇 때문일까. 그것은 인간 존재 자체가 유한한 존재로서 우주적 관점으로 봤을 때 광활한 우주를 떠도는 먼지이거나 하나의 점일 수밖에 없다는 인식에 따른 것이다. 인간의 유한성과 한계를 너무나 잘 알고 있기 때문에 세상에서 일어나는 수많은 사건 사고들도 우주적 관점에서 보면 아무 일도 아닌 게 된다. 바람이 부는 것이거나 빗방울이 떨어지는 것과 같이 자연스럽고 우연적인 것일 뿐이다. 즉 모든 경험과 일들에 일희일비하지 말고 순리에 내맡긴 채 마음을 비우고 살아가면 누군가에게 인생은 아름다운 의미로 기억되고 살아갈 만한 것으로 기록될 것이기 때문이다.

4. 통합의 세계로 나아가고자 하는 초월의식

①

행성의 변두리에서도 악은 중심을 차지한다
선악이 시간의 축을 자전할 때마다 요일이 배열되었다
천지창조가 완성된 다음 날이거나
중심을 재구성하는 속죄의 안식일이거나
요일 중의 그날이 올 때면 마음은 어그러졌고 무질서해졌다

난민이 된 소말리아 여인의 젖꼭지에서 눈물이 <u>흐르고</u>
모가디슈의 평화유지군은 악의 전사들로 죽어갔다
무슬림 어부가 바다의 해적으로 창궐할 때
죄는 한없이 부정당했고

찬송가는 유행가처럼 귀를 속였다

〈중략〉

설교를 준비하는 군종목사는 유난히 고독해하였고
삶은 죽음이 깃든 죄 덩어리라며 기도하던 두 손을 보았다
안식을 위한 날이었고 미군기지의 구석진 어느 클럽에서는
핫팬츠의 스트립 걸에 하루가 울렁댔고
전쟁이 다시 발발했다는 뉴스를 들었던 그날의 전역일을 기억한다

− 「일요일의 Melancholy」 부분

②

가장들은 우크라이나 방위군이 되어 경계를 섰고
등에 비상연락처 적힌 두 살배기 딸은 서둘러

국경을 넘어야 했다

참호가 된 그들의 가나안에

검은 까마귀 울음을 싣고 트럭이 도착할 때마다

파란 십자가 무덤들이 피어났다

꽃냄새가 화장터를 점령한 요새 같은 저녁

숭배자들의 유죄는

평범한 악재로 새로이 진화하기도

증시 하락 원인의 하나쯤으로

인터넷 짤에서 둔갑되기도 하였다

〈중략〉

신이여,

에덴에 선악나무는 왜 심으셨나요

-「오래된 질문」부분

①에서 시적 화자는 "그날"에 주목하고 있는데 그것은 "천지창조가 완성된 다음 날"이거나 "중심을 재구성하는

속죄의 안식일"이거나 "요일 중의 그날"이다. 이 시의 제목에선 "일요일"을 제시하고 있지만 사실은 유대교의 안식일인 금요일의 일몰에서 토요일 일몰까지를 이르는 것이다. 그렇다면 그날에 무슨 일이 있었던 걸까. 화자는 "안식을 위한" 그날 "전역일"이었고 "전쟁이 다시 발발했다는 뉴스"를 들었다. 그리고 "난민이 된 소말리아 여인"은 울고 "모가디슈의 평화유지군은 악의 전사들로 죽어갔"고 "무슬림 어부가 바다의 해적으로 창궐"하였다. 그렇게 "악은 중심을 차지"하게 되었고 선이 그 악을 "공전하는" "죽음이 깃든 삶"이면서 "일요일의 우울"로 기억되고 있다. 즉 신이 천지창조를 끝낸 안식일에 벌어지는 수많은 죄악들은 이제 행성의 중심을 차지하였고 그것들 주위를 선이 공전하고 있는 기이한 현상을 화자 자신의 경험에 빗대어서 종교적 상상력으로 풀어내고 있다.

②에서 우크라이나는 "가나안"에 비유되고 있는데 화자는 러시아가 우크라이나를 침공한 것을 그 땅을 차지하기 위한 것이라고 보고 있다. 즉 하나님이 아브라함에게 주시기로 약속한 땅인 가나안을 이스라엘 백성들이 찾아가서 가나안 족속들을 모두 죽이고 추방시켜야 했다. 가나안 족속들은 일찍부터 우상을 숭배하고 잘못된 문화와

풍습에 젖어 죄를 지었기 때문이다. 즉 화자에 의하면 신이 "선악나무"를 심어 인간이 선악과를 따먹고 그로 인해 원죄를 지으면서 "악인"들이 존재하게 되었다. 그러므로 신이 "에덴"에 선악나무를 심지 않았다면 원죄는 성립하지 않았을 것이고 죄를 짓는 인간도 생기지 않았을 거라는 논리이다.

그런데 죄를 숭배하는 자들의 "유죄"는 "평범한 악재"에서 진화하기도 하고 "증시하락 원인의 하나쯤으로 둔갑되기도 하"는 변화무쌍한 시대에 우리는 살고 있다. 세상에서 벌어지는 죄들이 모든 사람들에게 끔찍한 일은 아니며 그것과 관련이 있는 사람들에게만 불행한 일이 된 지 오래이다. 시인은 기독교적인 관점에서 선과 악, 죄의 근원을 성경에서 찾을 수 있다고 보고 있는데 이때 종교적인 상상력을 통해서 죄의 양상들이 어떻게 진화하고 있는지 보여주고 있다.

이번에 출간되는 김형정 시인의 첫 시집 『오래된 질문』에서는 도시의 삶에서 발견한 도시적 서정과 영웅 캐릭터를 통해서 평범한 존재들을 대변하는 영화적 상상력, 암울한 현실을 벗어나서 우주로 확장하고자 하는 우주적 상상력, 악이 선을 주도하는 현실에 절망하지 않고 긍정의 세계로 나아가고자 하는 초월의식이 포착된다. 첫째로 도시적 서정에서 각박한 도시의 공간도 그곳에 사는 사람들의 삶의 방식에 따라 차갑거나 삭막함이 줄어들 수 있다는 것을 알게 되었고 도시에서도 스스로를 돌아보면서 진정한 자아를 만날 수가 있었다. 둘째로 영웅 캐릭터들이 로맨티스트이자 선량한 이웃으로 드러나는 영화적 상상력에서 인간은 어려움에 처하더라도 서로 어울려서 살아갈 때 진정으로 행복한 삶을 살아갈 수 있음을 알게 되었다. 셋째로 우주적 시공간으로의 확장을 꿈꾸는 우주적 상상력에서 인간 존재가 유한하기 때문에 모든 것을 순리에 따르며 마음을 비우고 살아가는 것이 지혜로운 일임을 알게 되었다. 넷째로 통합의 세계로 나아가고자 하는 초월의식에서 현대에는 악이 중심을 차지하고 그 주위를 선이 공전하고 있음을 종교적 상상력을 통해서 보여주었다.

 도시적 서정을 통해서 자신의 감성을 개성적으로 표현하고 있는 김형정 시인은 전통 서정시의 다른 측면을 두루 비추면서 시인으로서의 존재감을 드러내고 있다. 누구나 도시를 거쳐 가지만 그 공간을 따뜻한 감성으로 감싸주고 자신만의 존재 의미를 남기는 것은 쉽지 않은 일이다. 그것은 도시가 발산하는 물질문명의 부정적인 측면만을 보고서 지레 실망하기 때문이다. 그곳에 사는 사람들의 눈물과 한숨 그 뒤의 따뜻한 심성을 오래 관찰한 적이 있다면 도시와 그곳에서 살아가는 삶에 대해서 다른 평가들이 제기될 수 있었을 것이다. 만약 김형정 시인이 자신이 서 있는 위치에 만족하지 못하고 더 큰 욕망을 향해 급히 내달렸다면 이처럼 감동적인 시들을 쓸 수 없었을 것이다. 현실을 겸허히 수용하고 존재의 유한성을 깨달으면서 주위의 사람들과 함께 어우러지며 나아가는 방식을 택한 김형정 시인은 자신만의 단단한 시정신을 비로소 세울 수 있었고 독자들은 그 진정성이 담긴 첫걸음을 이번 시집에서 반갑게 만나볼 수 있을 것이다.